U0836604

IFAC

国际会计师联合会出版物中文译本系列

国际职业会计师道德守则

2012

国际会计师职业道德准则理事会 制　　定
中 国 注 册 会 计 师 协 会 组织翻译

中国财政经济出版社

图书在版编目（CIP）数据

国际职业会计师道德守则.2012 / 国际会计师职业道德准则理事会制定；中国注册会计师协会组织翻译.—北京：中国财政经济出版社，2013.8

（国际会计师联合会出版物中文译本系列）

书名原文：Code of Ethics for Professional Accountants

ISBN 978-7-5095-4589-8

Ⅰ.①国… Ⅱ.①国… ②中… Ⅲ.① 会计师-职业道德-道德规范-国际标准 Ⅳ.①F233-65

中国版本图书馆CIP数据核字(2013)第130463号

责任编辑：王 飏　　　　责任校对：杨瑞琦

封面设计：郁 佳　　　　版式设计：录文通

中国财政经济出版社 出版

URL：http：//www.cfeph.cn

E-mail：cfeph@cfeph.cn

（版权所有 翻印必究）

社址：北京市海淀区阜成路甲28号 邮政编码：100142

营销中心电话：88190406 北京财经书店电话：64033436 84041336

北京财经印刷厂印刷 各地新华书店经销

787×1092毫米 16开 10.25印张 132 000字

2013年9月第1版 2013年9月北京第1次印刷

定价：25.00元

ISBN 978-7-5095-4589-8/F·3720

（图书出现印装问题，本社负责调换）

本社质量投诉电话：010-88190744

反盗版举报热线：88190492 88190446

English language text of Code of Ethics for Professional Accountants © 2012 by the International Federation of Accountants (IFAC). All rights reserved.

Chinese language text of Code of Ethics for Professional Accountants © 2013 by the International Federation of Accountants (IFAC). All rights reserved.

This Code of Ethics for Professional Accountants of the International Ethics Standards Board for Accountants (IESBA), published by the International Federation of Accountants (IFAC) in July 2012 in the English language, has been translated into Chinese by the Chinese Institute of Certified Public Accountants (CICPA) in September 2013, and is used with the permission of IFAC. IFAC assumes no responsibility for the accuracy and completeness of the translation or for actions that may ensue as a result thereof. The approved text of all IFAC publications is that published by IFAC in the English language.

国际职业会计师道德守则英文版本© 2012 由国际会计师联合会保留所有版权。

国际职业会计师道德守则中文版本© 2013 由国际会计师联合会保留所有版权。

国际职业会计师道德守则（2012）：Code of Ethics for Professional Accountants
ISBN：978 -1 -60815 -124 -0

国际会计师职业道德准则理事会制定的《国际职业会计师道德守则》由国际会计师联合会于2012年7月以英文出版。经国际会计师联合会许可，中国注册会计师协会于2013年9月将其翻译成中文。国际会计师联合会对翻译的准确性、完整性或由此引发的行动不承担任何责任。国际会计师联合会所有出版物的正式文本都由国际会计师联合会以英文出版。

国际会计师联合会出版物翻译审核委员会

成 员 名 单

主任委员：

陈毓圭（中国注册会计师协会副会长兼秘书长）

成　　员：

丁伟铨（香港会计师公会行政总裁兼注册主任）
黄浩彪（澳门会计专业联会副理事长）
包敬焘（澳门会计专业联会理事）
杨志国（中国注册会计师协会副秘书长）
黄世忠（厦门国家会计学院副院长）
孟　焰（中央财经大学会计学院院长）
张龙平（中南财经政法大学会计学院院长）
梁国基（安永华明会计师事务所合伙人）
陈箭深（致同会计师事务所合伙人）
王越豪（天健会计师事务所合伙人）
李　丹（普华永道中天会计师事务所合伙人）
芮怀涟（毕马威华振会计师事务所合伙人）
袁文辉（德勤华永会计师事务所合伙人）
唐建华（中国注册会计师协会专业标准与技术指导部主任）
张连起（瑞华会计师事务所合伙人）
陈广垒（北京金融街投资（集团）公司总经济师）

国际会计师联合会出版物译丛

序　言

党的十八大对我国改革开放作出了新的部署，要求我们始终把改革创新精神贯彻到治国理政各个环节，坚持社会主义市场经济的改革方向，坚持对外开放的基本国策，不断推进理论创新、科技创新、文化创新以及其他各方面创新，不断推进我国社会主义制度自我完善和发展。

改革开放是中国经济社会发展的动力。从某种意义上讲，开放又是改革的动力。对外开放，有助于我们学会怎样搞市场经济；对外开放，倒逼我们去调整不适合市场经济的法律规范；对外开放，引导我们调整主体行为，使之更加适应市场经济要求。

改革和开放的这一逻辑关系，也为我国会计行业的改革开放实践所证明。在改革开放初期，我们引进了国际会计公司，紧接着引进了国际会计执业标准。通过持续不断的学习和借鉴，与计划经济相适应的会计制度实现了转型，审计制度从恢复重建到逐渐成熟，建立起与社会主义市场经济相适应的，与国际执业标准趋同的会计、审计、职业道德和继续教育标准，使中国会计行业始终走在改革开放的前列，为经济发展和国际合作架设桥梁，为企业、资金、商品的交流提供信息支持和制度力量。中国会计审计制度的国际趋同是一个动态的过程，需要与时俱进。对国际会计执业标准的学习和研究，同样需要与时俱进。

国际会计师联合会（IFAC）是会计职业界的世界组织，成立于1977年，有来自全世界120多个国家的170多个成员组织，代表着250多万名分布于经济、行政、教育等各个领域的职业会计师。IFAC的宗旨是不断增强世界范围内的会计行业，维护公众利益。它通过制定高质量的执业准则，促进对这些准则的遵守，增进准则的国际趋同，支持国际经济的稳健发展。为此，IFAC 设立了国际审计与鉴证准则理事会（IAASB）、国际会计师职业道德准则理事会（IESBA）、国际会计教育准则理事会（IAESB）以及国际公共部门会计准则理事会（IPSASB），分别制定国际审计准则体系和国际职业会计师道德守则等执业标准，得到各国家和地区的广泛采用或借鉴。

为支持国际会计执业标准的引进和学习，服务中国会计执业标准国际趋同的进程，中国财政经济出版社发起国际会计师联合会出版物的全面译介工作，并邀请我和几位同行朋友担任这套出版物的翻译审核工作，我们为能参与这一光荣的事业感到自豪。

关于翻译，前辈们有过系统的总结和深刻的表达，其中，“信、达、雅”是最为后人推崇也是最应当为我们所遵循的原则。但是，原则总是抽象的，不同的人会有不同的理解和实践，特别是，“信、达、雅”是文学翻译家针对文学作品翻译而言的，具体到会计审计专业文献的翻译，在“信、达、雅”的实践上，则需要结合专业特性加以运用。从某种意义上讲，文学翻译是一件艺术工作，而专业文献的翻译（以下主要针对英文）是一件科学工作，科学工作需要遵循科学的原则。

关于“信”。“信”强调的是忠实于原文。文学讲意境，中外皆然。基于中国偏重“感性”的文化性格，中文在表达文学意境上有足够资源，所以，在文学翻译上做到“信”，即，反映原文的意境，似乎不难。而会计审计标准讨论的是专业技术问题，它固然有意境上的要求，但更强调技术和实践上的精确性。在会计审计领域，由于我们在历史上没有过这样的技术和实践，也就没有创造出对应的中文词汇，这个问题曾经害苦了许多翻译者。ASSURANCE 是审计学的基础概念，ASSURANCE 的基本意义是保证、担保，甚至还有保险、自信的意义，如果片面强调“信”，直接译成保证、担保，显然表达不了审计工作和审计报告所具有的合理保证这样的谨慎意义。正是因为如此，我们现在把 ASSURANCE 译成“鉴证”这样一个强调过程和行为而不是结果的词汇，尽管仍然差强人意，但是毕竟留下了进一步解释的空间，而回避了 ASSURANCE 在中文中对应的保证、担保这些容易引起强烈误解的一般译法。再如，PROBA-

BLE 与 POSSIBLE 在表达可能性时的差异，WILL、WOULD、MAY 在表达意愿上的差异，真的很难以一个“信”字就能处理得了。

关于“达”。“达”强调的是通畅。在中文中，通畅的最高境界是“明白晓畅”，要做到这一点，其实是很不容易的。要将一篇英语文献翻译得明白晓畅，就难上加难，其中的原因之一在于，中文与英文表达的构造方法不同。英文的表达是结构化的，普遍地通过介词、连词来引导，有些类似于搭积木，句子的主要成份关系相对清晰，我把它称之为“物理”式的；中文中没有类似于英语中丰富的介词、连词储备，而是通过表达顺序来体现句子主要成份之间的关系，我把它称之为“化学”式的。从这个意义上讲，中文句子是不适合采用复杂结构的。所以，对于一个结构简单、没有多个从句的英文句子，翻译成通畅的中文相对比较容易，而要将一个带有较多从句的英文译成中文，要做到通畅就要困难得多。在会计审计专业文献中，这样的带有多个从句的句子往往非常普遍。所以，在翻译英语专业文献时要体现“达”的要求，就应当在句子结构分解、转换上作很大的努力。

关于“雅”。可以说的不多，权且作为我们执译同志的更高追求吧。

让我们共同努力，把这套丛书编好，为中国会计执业标准国际趋同事业作出应有的贡献。

陈毓圭

2013 年 8 月 12 日

译者说明

国际职业会计师道德守则（以下简称国际职业道德守则）由国际会计师联合会（IFAC）国际会计师职业道德准则理事会（IESBA）制定，用于规范职业会计师（包括在会计师事务所执业的职业会计师和工商业界职业会计师）的职业道德行为。2007年，国际会计师职业道德准则理事会开始对国际职业道德守则进行重大修订，重新起草了独立性要求，并提高了守则的明晰度。2009年7月，国际会计师职业道德准则理事会正式发布新的国际职业道德守则，包括三部分，分别适用于所有职业会计师、在会计师事务所执业的职业会计师以及工商业界职业会计师，涵盖了职业会计师可能遇到的与职业道德相关的所有事项，受到国际组织、各国和地区监管机构以及会计职业界的肯定和欢迎。

面对国际职业道德守则的新变化、新要求，我们需要更加深刻、准确地理解和掌握其精髓，吸收借鉴其最新成果，改进我们现有的职业道德规范，全面提升职业道德规范的质量，实现与国际职业道德守则的持续趋同，切实增强注册会计师的独立性，提高会计师行业的职业道德水平，维护公众利益。中国注册会计师协会一直致力于国际标准的译介工作，并启动了国际职业道德守则最新版本的翻译工作。

在2012年海峡两岸及港澳地区（简称两岸四地）会计师行业交流研讨会召开期间，两岸四地会计职业组织达成共识，要充分利用两岸四地的资源做好国际标准的译介工作，并共享成果，使最新译本能够造福于两岸四地会计师行业。为此，在翻译过程中，两岸四地会计师行业通力合作，成立了国际会计师联合会出版物翻译审核委员会，并将两岸四地对专业术语的译法进行对照和索引，使翻译文本尽量满足两岸四地会计师行业的需要。

翻译工作得到财政部领导的大力支持，由中国注册会计师协会具体组织，香港会计师公会和澳门会计专业联会参与。专业术语翻译对照表，由中国注册会计师协会、香港会计师公会、澳门会计专业联会，以及台湾省会计师公会分头提供。在翻译过程中，对于部分专业术语理解上的困难，由两岸四地会计职业组织共同研究解决，并得到了国际会计师职业道德准则理事会的技术支持。国际职业道德守则的翻译出版，得到国际会计师联合会的授权和认可。

参加翻译工作的有东北财经大学教授刘明辉，深圳大学教授柳木华，华中师范大学副教授吴琼，中国注册会计师协会专业标准与技术指导部主任唐建华、副主任张文、赵际喆、业务监管部副主任罗梅。信永中和会计师事务所合伙人李劲枫对部分译稿进行了审校。中国注册会计师协会副秘书长杨志国对译稿进行了审定。

值此译本出版之际，谨向国际会计师联合会出版物翻译审核委员会及参加翻译和审校工作的全体同志，表示衷心的感谢！向香港会计师公会、澳门会计专业联会，以及台湾省会计师公会表示感谢！

中国注册会计师协会

2013年8月12日

目　录

前　言

国际会计师职业道德准则理事会在授权范围内制定并发布《国际职业会计师道德守则》，供全世界职业会计师使用。

国际会计师联合会的成员组织或会计师事务所应当运用不低于本守则严格程度的准则。如果法律法规禁止某成员组织或会计师事务所遵守本守则的某些部分，该成员组织或会计师事务所仍应当遵守本守则所有其他部分。

某些司法管辖区可能存在不同于本守则的要求和指南。这些司法管辖区的职业会计师需要意识到这些差异，并遵守更为严格的要求和指南，除非法律法规禁止。

A 部分——本守则的一般应用

页码

第 100 节
引言和职业道德基本原则

100.1 承担维护公众利益的责任是会计职业的显著特征。因此，职业会计师的责任并非仅为满足个别客户或雇主的需要。在维护公众利益时，职业会计师应当注意及遵守本守则的规定。如果法律法规禁止职业会计师遵守本守则的某些部分，该职业会计师仍应当遵守本守则所有其他部分。

100.2 本守则包括三部分。A 部分为职业会计师确立了职业道德基本原则，并建立了职业道德概念框架，用于指导职业会计师：

（a）识别对职业道德基本原则产生的威胁；

（b）评价所识别威胁的严重程度；

（c）必要时采取防范措施消除威胁或将其降低至可接受的水平。如果职业会计师确定一个理性且掌握充分信息的第三方，在权衡职业会计师当时可获得的所有具体事实和情况后，很可能认为该威胁有损于职业道德基本原则，则有必要采取防范措施。

在运用职业道德概念框架时，职业会计师应当运用职业判断。

100.3 B 部分和 C 部分说明了在某些情况下如何运用职业道德概念框架。这两部分列举了当职业道德基本原则受到威胁时，可以适当应对该威胁的一些防范措施。这两部分还描述了无法采取防范措施以应对威胁的情况，因而，产生该威胁的情形或关系应当予以回避。B 部分适用于执业的职业会计师；C 部分适用于工商业界职业会计师。执业的职业会计师也可能发现 C 部分与其面对的特定情形相关。

100.4 本守则要求职业会计师或会计师事务所遵守本守则中所有出现“应当”一词的具体规定。除非出现本守则允许的例外情况，否则必须遵守这些规定。

职业道德基本原则

100.5 职业会计师应当遵循下列职业道德基本原则：

（a）诚信——在所有的职业和商业关系中，保持正直、诚实守信；

（b）客观和公正——不应当由于偏见、利益冲突或他人的不当影响而损害自己的职业或商业判断；

（c）专业胜任能力和应有的关注——将专业知识和技能始终保持在应有的水平，在适应当前实务、法律和技术发展的基础上，确保客户或雇主获得具有专业水准的服务，勤勉尽责，遵守适用的职业准则和技术规范；

（d）保密——对因职业关系和商业关系获知的信息保密，因而，除非法律法规和职业规范允许或要求，不应当在未经恰当且专门授权的情况下向第三方披露此类信息，也不应当利用此类信息为职业会计师自身或第三方谋取利益；

（e）良好职业行为——遵守相关法律法规，避免发生任何损害职业声誉的行为。

第 110—150 节将详细讨论每项职业道德基本原则。

概念框架

100.6 职业会计师所处的业务环境可能对职业道德基本原则产生特定的威胁。本守则无法界定每一种产生威胁的情形，并明确规定适当的措施。此外，业务和工作的性质可能不同，因而可能产生不同的威胁，需要采取不同的防范措施。因此，本守则建立了一个概念框架，要求职业会计师识别、评估和应对对职业道德基本原则产生的威胁。概念框架帮助职业会计师遵守本守则规定的道德要求，履行维护公众利益的职责。概念框架提供了多种对职业道德基本原则产生威胁的情形，并能够防止职业会计师认为只要未明确禁止的情形就是允许的。

100.7 当识别出对职业道德基本原则的威胁，并基于对威胁的评价结果确定威胁超出可接受的水平时，职业会计师应当确定是否存在适当的防范措施，并且是否能够采取这些措施以消除威胁或将其降低至可接受的水平。在作出决定时，职业会计师应当运用职业判断，并考虑一个理性且掌握充分信息的第三方，在权衡职业会计师当时可获得的所有具体事实和情况后，是否很可能认为这些防范措施能够消除威胁或将其降低至可接受的水平，以使职业道德基本原则不受损害。

100.8 如果职业会计师知悉或能够被合理预期知悉可能损害职业道德基本原则的情形或关系，则应当评价其对职业道德基本原则的威胁。

100.9 在评价威胁的严重程度时，职业会计师应当从性质和数量两个方面予以考虑。在运用概念框架时，可能由于威胁过于严重，或者不存在或无法采取适当的防范措施，使得职业会计师无法消除威胁或将其降低至可接受的水平。在这种情况下，职业会计师应当拒绝接受或终止所涉及的特定专业服务，或在必要时与客户解除业务关系（针对执业的职业会计师）或向其工作单位提出辞职（针对工商业界职业会计师）。

100.10 职业会计师可能无意中违反本守则的个别条款。如果违反行为一经发现，就被迅速纠正并采取了必要的防范措施，那么基于其性质和严重程度，这种无意违反行为可能不被视为损害职业道德基本原则。

100.11 当职业会计师面临特殊情形，在这些情形下应用本守则的特定要求可能导致不合理或不符合公众利益的结果时，本守则建议职业会计师向某一成员组织或相关监管机构咨询。

威胁及防范措施

100.12 很多关系和情形都可能产生威胁。当一种关系或情形产生威胁时，这种威胁可能损害或被认为损害职业会计师对职业道德基本原则的遵循。一种情形或关系可能产生多种威胁，一种威胁也可能影响对多项职业道德基本原则的遵循。威胁可以归属于以下一个或多个类别：

（a）自身利益威胁——因经济利益或其他利益对职业会计师的判断或行为造成不当影响而产生的威胁；

（b）自我评价威胁——职业会计师依据其（或者其所在会计师事务所或工作单位的其他人员）以往执行业务时所作出的判断或得出的服务结果对当前业务作出判断，从而导致不恰当评价而产生的威胁；

（c）过度推介威胁——职业会计师因推介客户或工作单位的立场，导致该职业会计师的客观和公正原则受到损害而产生的威胁；

（d）密切关系威胁——由于与客户或工作单位存在长期或密切的关系，职业会计师过于偏向他们的利益，或过于认可他们的工作而产生的威胁；

（e）外在压力威胁——由于实际存在的或可觉察到的压力（包括试图以不当手段影响职业会计师），导致职业会计师无法客观行事而产生的威胁。

本守则的 B 部分和 C 部分分别解释了针对执业的职业会计师和工商业界职业会计师，各种威胁是如何产生的。执业的职业会计师也可能发现 C 部分与其面对的特定情形相关。

100.13 防范措施是指能够消除威胁或将其降低至可接受的水平的行为或其他措施。防范措施包括下列两类：

（a）法律法规和职业规范规定的防范措施；

（b）在具体工作中采取的防范措施。

100.14 法律法规和职业规范规定的防范措施主要包括：

（a）从事该职业必需的教育、培训和经验要求；

（b）持续的职业发展要求；

（c）公司治理方面的规定；

（d）职业准则；

（e）行业或监管机构的监控和惩戒程序；

（f）由依法授权的第三方对职业会计师编制的业务报告、申报资料、沟通函件或其他信息进行外部复核。

100.15 本守则 B 部分和 C 部分分别讨论了执业的职业会计师和工商业界职业会计师在具体工作中可采取的防范措施。

100.16 某些防范措施可以增加识别或制止不道德行为的可能性。这类防范措施可能是由会计职业界、法律法规或工作单位制定的，包括：

（a）工作单位、行业或监管机构建立有效的公开投诉系统，使同行、工作单位以及公众能够注意到不专业或不道德的行为；

（b）明确规定职业会计师有义务报告违反道德要求的行为。

道德冲突问题的解决

100.17 在遵循职业道德基本原则时，职业会计师可能需要解决道德冲突问题。

100.18 在开始解决道德冲突时（无论正式或非正式），可能需要考虑以下一个或多个因素：

（a）与道德冲突问题有关的事实；

（b）涉及的道德问题；

（c）道德冲突问题涉及的职业道德基本原则；

（d）已制定的解决道德冲突问题的内部程序；

（e）可供选择的其他措施。

在考虑上述因素并权衡可供选择措施的后果后，职业会计师应当确定适当的措施。如果道德冲突问题仍无法解决，职业会计师可能需要向会计师事务所或工作单位内部的适当人员咨询，以获取解决问题的方法。

100.19 如果某一事项与所在单位或外部单位存在道德冲突，职业会计师应当确定是否与该组织的治理层（如董事会或审计委员会）讨论。

100.20 记录涉及的道德冲突问题、讨论的细节以及作出的相关决策，可以保护职业会计师的最大利益。

100.21 如果某项重大道德冲突问题未能解决，职业会计师可以考虑从相关职业团体或法律顾问处获取专业建议。以匿名的方式与相关职业团体讨论道德冲突问题，或在法律特权的保护下向法律顾问征询意见，通常能够使职业会计师在不违反保密原则的前提下获取解决道德问题的指引。职业会计师可以考虑征询法律意见的具体情况各不相同。例如，职业会计师可能遇到舞弊，对舞弊的报告可能违反职业会计师的保密责任。在这种情况下，职业会计师可以考虑获取法律建议，以确定是否需要报告。

100.22 如果所有可能采取的措施都无法解决道德冲突问题，职业会计师应当在可能的情况下拒绝继续与产生道德冲突问题的事项发生关联。在这种情况下，职业会计师应当确定是否退出项目组或不再承担相关任务，或完全解除业务约定，或向会计师事务所、工作单位提出辞职。

第 110 节
诚　　信

110.1 诚信原则要求所有职业会计师在所有职业关系和商业关系中保持正直、诚实守信。诚信也指公正处事、实事求是。

110.2 职业会计师如果认为业务报告、申报资料、沟通函件或其他信息存在下列问题，则不应当在明知的情况下与其发生关联：

（a）含有严重虚假或误导性的陈述；

（b）含有缺少充分依据的陈述或信息；

（c）存在遗漏或含糊其辞的信息，且这种遗漏或含糊其辞会产生误导。

职业会计师如果注意到已与上述信息发生关联，应当采取措施消除该关联。

110.3 如果存在本守则第 110.2 段所述的情形，职业会计师出具了非标准业务报告，不被视为违反第 110.2 段的规定。

第 120 节
客观公正

120.1 客观和公正原则要求所有职业会计师不应当由于偏见、利益冲突或他人的不当影响而损害自己的职业或商业判断。

120.2 职业会计师可能面临损害客观和公正原则的情形。本守则无法界定和规定所有这些情形。如果存在导致职业判断出现偏差，或对职业判断产生不当影响的情形或关系，职业会计师不应当提供相关专业服务。

第 130 节

专业胜任能力和应有的关注

130.1 专业胜任能力和应有的关注原则要求所有职业会计师承担下列义务：

（a）将专业知识和技能始终保持在应有的水平，以确保客户或雇主获得具有专业水准的服务；

（b）在提供专业服务时，遵守适用的职业准则和技术规范，勤勉尽责。

130.2 具有专业水准的服务要求职业会计师在运用专业知识和技能提供服务时运用合理的判断。专业胜任能力可以分为两个独立的阶段：

（a）专业胜任能力的获取；

（b）专业胜任能力的保持。

130.3 专业胜任能力的保持要求职业会计师持续了解并掌握相关技术、专业知识和技能以及业务的发展变化。专业知识和技能的持续提高可使职业会计师形成并保持执行业务的胜任能力。

130.4 勤勉尽责要求职业会计师按照有关工作要求，认真、全面、及时地完成工作任务。

130.5 职业会计师应当采取适当措施，确保在其领导下工作的人员得到应有的培训和督导。

130.6 职业会计师在必要时应当使客户、雇主或专业服务的其他使用者了解服务的固有局限性。

第 140 节
保　　密

140.1　保密原则要求所有职业会计师避免下列行为：

（a）未经恰当且专门授权，或不存在法律法规或职业规范规定的权利或义务，而向会计师事务所或工作单位以外的第三方披露因职业关系和商业关系获知的涉密信息；

（b）利用因职业关系和商业关系获知的涉密信息为自己或第三方谋取利益。

140.2　职业会计师应当保持保密性，包括在社会环境中，警惕无意中泄密的可能性，特别是警惕无意中向关系密切的商业伙伴、近亲属或直系亲属泄密的可能性。

140.3　职业会计师应当对拟接受的客户或拟受雇的工作单位向其披露的信息保密。

140.4　职业会计师应当对所在会计师事务所或工作单位内部的信息保密。

140.5　职业会计师应当采取适当措施，确保下级员工以及提供建议和帮助的人员履行职业会计师的保密义务。

140.6　在终止与客户或工作单位的关系后，职业会计师仍然需要遵循保密原则。如果变更工作单位或获得新客户，职业会计师可以利用以前的经验，但不应当利用或披露因职业或商业关系获知的涉密信息。

140.7　在下列情形下，职业会计师需要或可能被要求披露涉密信息：

（a）法律法规允许披露，并取得客户或雇主的授权；

（b）法律法规要求披露，例如：

（i）为法律诉讼准备文件或提供其他证据；

(ii) 向适当的公共机构报告发现的违法行为;

(c) 职业会计师有职业义务或权利披露且法律法规未予禁止，包括:

(i) 接受成员组织或职业团体的执业质量检查;

(ii) 答复成员组织或监管机构的询问或调查;

(iii) 在法律诉讼中维护职业会计师的职业利益;

(iv) 遵守执业准则和道德要求。

140.8 在决定是否披露涉密信息时，职业会计师考虑的相关因素包括:

(a) 如果客户或雇主同意职业会计师披露这些信息，是否可能损害所有相关方（包括利益可能受到影响的第三方）的利益;

(b) 是否已在可行的范围内了解和证实了所有相关信息。当涉及未经证实的事实、不完整的信息或未经证实的结论时，职业会计师应当运用职业判断决定披露的类型（如有);

(c) 预期的沟通方式和沟通对象;

(d) 沟通对象是否为适当的接受者。

第 150 节
良好职业行为

150.1 良好职业行为原则要求所有职业会计师遵守相关法律法规，避免发生任何职业会计师已知悉或应当知悉的、可能损害职业声誉的行为。如果一个理性且掌握充分信息的第三方，在权衡职业会计师当时可获得的所有具体事实和情况后，很可能认为某种行为将对良好的职业声誉产生负面影响，则这种行为属于应当避免的行为。

150.2 在营销和推介自己及工作时，职业会计师不应当损害职业形象。职业会计师应当诚实、实事求是，不应当有下列行为：

（a）夸大宣传提供的服务、拥有的资质或获得的经验；

（b）贬低或无根据地比较他人的工作。

B 部分——执业的职业会计师

页码

第 200 节
引　　言

200.1 守则本部分规范了执业的职业会计师在某些情形下如何运用 A 部分所述的概念框架。本部分并未涵盖执业的职业会计师可能遇到的对职业道德基本原则产生或可能产生威胁的所有情形和关系，因此，鼓励执业的职业会计师对这类情形和关系保持警惕。

200.2 执业的职业会计师不应当在明知的情况下从事任何损害或可能损害诚信原则、客观和公正原则或良好职业声誉，从而可能与职业道德基本原则相矛盾的业务、职位或活动。

威胁及防范措施

200.3 对职业道德基本原则的遵循可能受到多种情形和关系的威胁。根据威胁的产生是否与向审计客户（以及该审计客户是否为公众利益实体）、非审计鉴证客户或非鉴证客户提供服务相关，威胁的性质和严重程度可能有所不同。

威胁可以归属于下列一种或多种类别：

（a）自身利益威胁；

（b）自我评价威胁；

（c）过度推介威胁；

（d）密切关系威胁；

（e）外在压力威胁。

这些威胁已在本守则 A 部分作出讨论。

200.4 对执业的职业会计师产生自身利益威胁的情形主要包括：

（a）鉴证业务项目组成员在鉴证客户中拥有直接经济利益；

（b）会计师事务所的收入过分依赖某一客户；

（c）鉴证业务项目组成员与鉴证客户存在重要且密切的商业关系；

（d）会计师事务所担心可能失去某一重要客户；

（e）审计项目组成员正在与审计客户协商受雇于该客户；

（f）会计师事务所与客户就鉴证业务达成或有收费的协议；

（g）职业会计师在评价所在会计师事务所的人员以往提供专业服务的结果时，发现了重大错误。

200.5 对执业的职业会计师产生自我评价威胁的情形主要包括：

（a）会计师事务所在对客户提供财务系统的设计或操作服务后，又对系统的运行有效性出具鉴证报告；

（b）会计师事务所为客户编制用于生成有关记录的原始数据，而这些记录是鉴证业务的对象；

（c）鉴证业务项目组成员担任或最近曾经担任客户的董事或高级管理人员；

（d）鉴证业务项目组成员目前或最近曾受雇于客户，并且所处职位能够对鉴证对象施加重大影响；

（e）会计师事务所为鉴证客户提供直接影响鉴证对象信息的其他服务。

200.6 对执业的职业会计师产生过度推介威胁的情形主要包括：

（a）会计师事务所推介审计客户的股份；

（b）在审计客户与第三方发生诉讼或纠纷时，职业会计师担任该客户的辩护人。

200.7 对执业的职业会计师产生密切关系威胁的情形主要包括：

（a）项目组成员的直系亲属或近亲属担任客户的董事或高级管理人员；

（b）项目组成员的直系亲属或近亲属是客户的员工，其所处职位能够对业务对象施加重大影响；

（c）客户的董事、高级管理人员，或所处职位能够对业务对象施加重大影响的员工，最近曾担任项目合伙人；

（d）职业会计师接受客户的礼品或款待，除非所涉价值微小或无关紧要；

（e）会计师事务所的合伙人或高级员工与鉴证客户存在长期业务关系。

200.8 对执业的职业会计师产生外在压力威胁的情形主要包括：

（a）会计师事务所受到客户解除业务关系的威胁；

（b）审计客户表示，如果会计师事务所不同意对某项交易的会计处理，则不再委托其承办拟议中的非鉴证服务；

（c）客户威胁将起诉会计师事务所；

（d）会计师事务所受到降低收费的影响而不恰当地缩小工作范围；

（e）由于客户员工对所讨论的事项更具有专长，职业会计师面临服从其判断的压力；

（f）会计师事务所合伙人告知职业会计师，除非同意审计客户不恰当的会计处理，否则将影响晋升。

200.9 消除威胁或将其降低至可接受的水平的防范措施包括下列两类：

（a）法律法规和职业规范规定的防范措施；

（b）在具体工作中采取的防范措施。

本守则 A 部分第 100.14 段举例说明了法律法规和职业规范规定的防范措施。

200.10 执业的职业会计师应当运用判断，以确定如何能够最好地应对超出可接受的水平的威胁，包括采取防范措施消除威胁或将其降低至可接受的水平，或终止业务约定或拒绝接受业务委托。在运用职业判断时，执业的职业会计师应当考虑：一个理性且掌握充分信息的第三方，在权衡职业会计师当时可获得的所有具体事实和情况后，是否很可能认为采取这些防范措施能够消除威胁或将其降低至可接受的水平，以使对职业道德基本原则的遵循不受损害。这种考虑将受到诸如威胁的严重程度、业务的性质以及会计师事务所的组织结构等多种事项的影响。

200.11 在具体工作中，相关防范措施因具体情形而异。在具体工作中采取的防范措施包括会计师事务所层面的防范措施和具体业务层面的防范措施。

200.12 在具体工作中采取的会计师事务所层面的防范措施主要包括：

（a）会计师事务所领导层强调遵循职业道德基本原则的重要性；

（b）会计师事务所领导层确立期望要求鉴证业务项目组成员维护公众利益；

（c）制定有关政策和程序，实施项目质量控制，监督业务质量；

（d）制定书面政策，以识别对职业道德基本原则的威胁，评价这些威胁的严重程度并采取防范措施消除威胁或将其降低至可接受的水平，如果适当的防范措施不存在或无法实施，则终止或拒绝接受相关业务委托；

（e）制定书面的内部政策和程序，要求遵循职业道德基本原则；

（f）制定有关政策和程序，识别会计师事务所或项目组成员与客户之间的利益或关系；

（g）制定有关政策和程序，监控并在必要时管理对来源于某一客户的收入的依赖程度；

（h）向鉴证客户提供非鉴证服务时，指派鉴证业务项目组以外的其他合伙人和项目组，并确保鉴证业务项目组和非鉴证业务项目组分别向各自的业务主管报告工作；

（i）制定有关政策和程序，防止项目组以外的人员对业务结果施加不当影响；

（j）及时向所有合伙人和专业人员传达会计师事务所的政策和程序及其变化情况，并就这些政策和程序进行适当的培训和教育；

（k）指定高级管理层人员负责监督会计师事务所的质量控制系统是否有效运行；

（l）向合伙人和专业人员提供鉴证客户及其关联实体的名单，要求合伙人和专业人员与之保持独立；

（m）建立惩戒机制，保障相关政策和程序得到遵守；

（n）制定公开的政策和程序，鼓励和授权员工向会计师事务所的高层就遵循职业道德基本原则方面的问题进行沟通。

200.13 在具体工作中，具体业务层面的防范措施主要包括：

（a）对已执行的非鉴证业务，由未参与该业务的职业会计师进行复核，或在必要时提供建议；

（b）对已执行的鉴证业务，由鉴证业务项目组以外的职业会计师进行复核，或在必要时提供建议；

（c）向客户独立董事委员会、行业监管机构或其他职业会计师等独立第三方咨询；

（d）与客户治理层讨论有关的职业道德问题；

（e）向客户治理层说明提供服务的性质和收费的范围；

（f）由其他会计师事务所执行或重新执行部分业务；

（g）轮换鉴证业务项目组高级人员。

200.14 根据业务的性质，执业的职业会计师也可能能够依赖客户已采取的防范措施。但是仅依赖客户的防范措施，不可能将威胁降低至可接受的水平。

200.15 客户通过制定政策和程序采取的防范措施主要包括：

（a）客户要求由管理层以外的人员批准聘请会计师事务所执行某项业务；

（b）客户聘任具备足够经验和资历的员工，确保其能够作出恰当的管理决策；

（c）客户执行内部程序，以确保在委托非鉴证业务时作出客观选择；

（d）客户拥有完善的公司治理结构，能够对会计师事务所的服务进行适当监督和沟通。

第210节
专业服务委托

接受客户关系

210.1 在接受新客户关系前，执业的职业会计师应当确定接受该客户关系是否对职业道德基本原则产生威胁。对诚信原则或良好职业行为原则的潜在威胁可能产生于与客户（客户的所有者、管理层或活动）相关的可疑事项等。

210.2 客户存在的问题可能对职业道德基本原则产生威胁，这些问题包括客户涉足非法活动（如洗钱）、缺乏诚信或存在可疑的财务报告问题等。

210.3 执业的职业会计师应当评价威胁的严重程度，并在必要时采取防范措施消除威胁或将其降低至可接受的水平。

防范措施主要包括：

（a）对客户及其所有者、管理层、负责公司治理和经营活动的人员进行了解；

（b）要求客户对完善公司治理结构或内部控制作出承诺。

210.4 如果不能将威胁降低至可接受的水平，执业的职业会计师应当拒绝接受客户关系。

210.5 如果向同一客户连续提供专业服务，本守则建议执业的职业会计师定期评价继续保持客户关系是否适当。

承接业务

210.6 专业胜任能力和应有的关注原则要求执业的职业会计师仅向客户提供能够胜任的专业服务。在承接某一客户业务前，执业的职业会计师应当确定接受该业务是否对职业道德基本原则产生威胁。例如，如果项目组不具备或不能获得恰当执行业务所必需的胜任能力，将对专业胜任能力和应有的关注原则产生自身利益威胁。

210.7 执业的职业会计师应当评价威胁的严重程度，并在必要时采取防范措施消除威胁或将其降低至可接受的水平。防范措施主要包括：

（a）适当了解客户的业务性质、经营的复杂程度、业务的具体要求和拟执行工作的目的、性质和范围；

（b）了解相关行业或业务对象；

（c）具备或获取与监管或报告要求相关的经验；

（d）分派足够的具有必要胜任能力的员工；

（e）必要时利用专家的工作；

（f）就执行业务的合理时间安排与客户达成一致意见；

（g）遵守质量控制政策和程序，以合理保证仅承接能够胜任的业务。

210.8 如果拟依赖专家的建议或工作，执业的职业会计师应当确定对专家的依赖是否可靠。考虑的因素包括专家的声望、专长、可获得的资源、适用的职业准则和道德规范等。这些信息可以通过以前与专家的交往或向他人咨询获得。

客户变更委托

210.9 如果应客户要求或考虑以投标方式接替当前由其他执业的职业会计师执行的业务，执业的职业会计师应当从专业角度或其他方面确定应否承接该业务，如是否存在对职业道德基本原则产生威胁的情形且无法通过采取防范措施消除该威胁或将其降低至可接受的水平。如果执业的职业会计师在了解所有相关情况前就承接业务，可能对专业胜任能力和应有的关注原则产生威胁。

210.10 执业的职业会计师应当评价威胁的严重程度。根据业务的性质，职业会计师可能需要与现任会计师直接沟通，以核实与变更委托相关的事实和情况，以确定是否适宜承接该业务。例如，变更委托的表面理由可能并未完全反映事实真相，可能表明客户与现任会计师存在意见分歧，从而可能影响接受委托的决策。

210.11 执业的职业会计师应当在必要时采取防范措施，以消除威胁或将其降低至可接受的水平。防范措施主要包括：

（a）当应邀投标时，在投标书中说明，在承接业务前需要与现任会计师沟通，以了解是否存在不应接受委托的理由；

（b）要求现任会计师提供已知悉的相关事实或情况，即现任会计师认为，拟接任的会计师在作出是否承接业务的决定前需要了解的事实或情况；

（c）从其他渠道获取必要的信息。

如果采取的防范措施不能消除威胁或将其降低至可接受的水平，执业的职业会计师应当拒绝承接该业务，除非从其他途径获取了必要事实表明可以承接此业务。

210.12 执业的职业会计师可能应客户要求在现任会计师工作的基础上提供进一步的服务。如果缺乏完整的信息，可能对专业胜任能力和应有的关注原则产生威胁。执业的职业会计师应当评价威胁的严重程度，并在必要时采取防范措施消除威胁或将其降低至可接受的水平。采取的防范措施主要包括将拟承担的工作告知现任会计师，提请其提供相关信息，以便恰当地完成该项工作。

210.13 现任会计师受保密原则约束。该职业会计师是否可以或必须与拟接任的会计师讨论客户的相关事务，取决于业务的性质以及：

（a）是否征得客户同意；

（b）与此类沟通和披露相关的法律法规或道德要求，这些法律法规或道德要求可能因司法管辖区而异。

本守则 A 部分第 140 节列举了职业会计师被要求或可能被要求披露涉密信息的情形，或披露涉密信息可能适当的情形。

210.14 执业的职业会计师在与现任会计师沟通前通常需要征得客户同意，最好征得客户的书面同意。一旦取得客户同意，现任会计师应当遵守相关法律法规的要求。现任会计师在提供信息时，应当实事求是、清晰明了。如果不能与现任会计师沟通，拟接任的会计师应当采取适当措施，从其他途径（例如通过询问第三方或调查客户的高级管理人员、治理层的背景）获取与可能产生的威胁相关的信息。

第220节
利益冲突

220.1 执业的职业会计师应当采取适当措施，识别可能产生利益冲突的情形。这些情形可能对职业道德基本原则产生威胁。例如，如果执业的职业会计师与客户存在直接竞争关系，或与客户的主要竞争者存在合资或类似关系，可能对客观和公正原则产生威胁。如果执业的职业会计师为两个以上客户提供服务，而这些客户之间存在利益冲突或对所涉交易或事项存在争议，也可能对客观和公正或保密原则产生威胁。

220.2 执业的职业会计师应当评价利益冲突产生威胁的严重程度，并在必要时采取防范措施消除威胁或将其降低至可接受的水平。在接受或保持客户关系和具体业务前，执业的职业会计师应当评价与客户或第三方存在的商业利益或关系产生的威胁的严重程度。

220.3 根据产生利益冲突的具体情形，执业的职业会计师通常必须采取下列防范措施之一：

（a）如果会计师事务所的商业利益或业务活动可能与客户存在利益冲突，告知客户并在征得其同意的情况下执行业务；

（b）如果为存在利益冲突的两个以上客户服务，告知所有已知相关方并在征得他们同意的情况下执行业务；

（c）如果为某一特定行业或领域中的两个以上客户提供服务，告知客户并在征得他们同意的情况下执行业务。

220.4 职业会计师还应当确定是否采取下列一项或多项额外的防范措施：

（a）分派不同的项目组；

（b）实施必要的保密程序，防止未经授权接触信息（例如，对不同的项目组实施严格的隔离程序，做好数据文档的安全保密工作）；

（c）向项目组成员提供有关安全和保密问题的指引；

（d）要求会计师事务所的员工和合伙人签订保密协议；

（e）由未参与执行相关业务的高级员工定期复核防范措施的执行情况。

220.5 如果利益冲突对一项或多项职业道德基本原则（如客观和公正、保密、良好职业行为原则）产生威胁，并且采取防范措施无法消除威胁或将其降低至可接受的水平，执业的职业会计师应当拒绝承接某一特定业务，或解除一个或多个存在冲突的业务约定。

220.6 如果执业的职业会计师就其为存在利益冲突的其他客户（可能是也可能不是现有客户）服务征求客户的同意，并且该请求被客户拒绝，执业的职业会计师应当终止就产生利益冲突的事项为其中一方提供服务。

第 230 节
第二次意见

230.1 如果执业的职业会计师应要求运用会计、审计、报告等准则或原则，对某公司或实体自身或以其名义进行的特定交易或事项的处理情况提供第二次意见，且该公司或实体不是执业的职业会计师的现有客户，可能对职业道德基本原则产生威胁。例如，如果第二次意见不是以现任会计师所获得的相同事实为基础，或依据的证据不充分，可能对专业胜任能力和应有的关注原则产生威胁。威胁存在与否及其严重程度取决于该项要求的具体情况以及在运用职业判断时可获得的所有其他事实和假设。

230.2 如果被要求提供第二次意见，执业的职业会计师应当评价威胁的严重程度，并在必要时采取防范措施消除威胁或将其降低至可接受的水平。防范措施主要包括征得客户同意与现任会计师沟通、在与客户沟通中说明执业的职业会计师发表专业意见的局限性、向现任会计师提供第二次意见的副本。

230.3 如果要求提供第二次意见的公司或实体不允许与现任会计师沟通，执业的职业会计师应当在考虑所有情况后决定是否适宜提供第二次意见。

第 240 节
收费和其他类型的报酬

240.1 在对专业服务的谈判中，执业的职业会计师可以以任何适当的收费报价。某一执业的职业会计师的报价可能比其他职业会计师低，这本身并非不道德。然而，这一水平的报价可能对职业道德基本原则产生威胁。例如，如果报价过低，可能导致难以按照适用的技术规范和职业准则的要求执行业务，从而对专业胜任能力和应有的关注原则产生自身利益威胁。

240.2 收费是否对职业道德基本原则产生威胁，取决于收费报价水平和所提供的相应服务。执业的职业会计师应当评价威胁的严重程度，并在必要时采取防范措施消除威胁或将其降低至可接受的水平。防范措施主要包括：

（a）让客户了解业务约定条款，特别是确定收费的基础及在此报价内所能提供的服务；

（b）安排恰当的时间和具有胜任能力的员工执行任务。

240.3 或有收费广泛存在于某些类型的非鉴证业务①。然而，在某些情况下，或有收费可能对职业道德基本原则产生威胁。或有收费可能对客观和公正原则产生自身利益威胁。威胁存在与否及其严重程度取决于下列因素：

（a）业务的性质；

（b）可能的收费金额区间；

（c）确定收费的基础；

---

① 本守则第 290 节和第 291 节讨论了向审计客户和其他鉴证客户提供非鉴证服务的或有收费。

（d）是否由独立第三方复核交易和提供服务的结果。

240.4 执业的职业会计师应当评价威胁的严重程度，并在必要时采取防范措施消除威胁或将其降低至可接受的水平。防范措施主要包括：

（a）预先就收费的基础与客户达成书面协议；

（b）向预期的报告使用者披露执业的职业会计师所执行的工作及收费的基础；

（c）实施质量控制政策和程序；

（d）由独立第三方复核执业的职业会计师已执行的工作。

240.5 在某些情况下，执业的职业会计师可能收到与客户相关的介绍费或佣金。例如，执业的职业会计师不提供所要求的具体服务，而将客户介绍给其他执业的职业会计师或其他专家，从中收取介绍费。执业的职业会计师可能因向客户销售商品或劳务而从第三方（如软件销售商）收取佣金。收取这些介绍费或佣金将对客观和公正原则、专业胜任能力和应有的关注原则产生自身利益威胁。

240.6 执业的职业会计师也可能为获得客户而支付介绍费。例如，当客户需要的某些特定服务未能由其现任执业的职业会计师提供时，其他执业的职业会计师为获得该服务机会而支付介绍费。支付该项介绍费也将对客观和公正原则、专业胜任能力和应有的关注原则产生自身利益威胁。

240.7 执业的职业会计师应当评价威胁的严重程度，并在必要时采取防范措施消除威胁或将其降低至可接受的水平。防范措施主要包括：

（a）向客户披露因接受其他职业会计师介绍的业务而支付介绍费的安排；

（b）向客户披露因将客户介绍给其他执业的职业会计师而收取介绍费的安排；

（c）就与第三方向客户销售商品或服务相关的佣金安排，预先征得客户同意。

240.8 执业的职业会计师可能购买其他会计师事务所的全部或一部分，而向其所有者或继承人支付款项。这种支付不被视为上述第 240.5 段至第 240.7 段所指的佣金或介绍费。

第250节
专业服务营销

250.1 执业的职业会计师通过广告或其他营销方式招揽业务，可能对职业道德基本原则产生威胁。例如，如果营销服务、成果或产品的方式不符合良好职业行为原则，将对遵循该原则产生自身利益威胁。

250.2 执业的职业会计师在营销专业服务时不应当有损职业声誉。执业的职业会计师应当诚实、实事求是，不应当：

（a）夸大宣传提供的服务、拥有的资质或获得的经验；

（b）贬低或无根据地比较他人的工作。

如果执业的职业会计师对拟采取的广告或营销方式是否适当存有疑问，应当考虑向相关职业团体咨询。

第 260 节
礼品和款待

260.1 执业的职业会计师或其直系亲属、近亲属，可能收到客户赠送的礼品或给予的款待。这种行为可能对职业道德基本原则产生威胁。例如，如果接受客户的礼品，可能对客观和公正原则产生自身利益威胁或密切关系威胁，由于这种行为可能被公开，还可能对客观和公正原则产生外在压力威胁。

260.2 威胁存在与否及其严重程度取决于客户提供礼品或款待的性质、价值和意图。如果一个理性且掌握充分信息的第三方，在权衡所有具体事实和情况后，认为礼品或款待的价值微小且无关紧要，则执业的职业会计师可以认为该项礼品或款待属于正常的商业交往，没有影响决策制定或信息获取的特定意图。在这种情况下，执业的职业会计师通常可以认为其对职业道德基本原则产生的威胁处于可接受的水平。

260.3 执业的职业会计师应当评价威胁的严重程度，并在必要时采取防范措施消除威胁或将其降低至可接受的水平。如果防范措施不能消除威胁或将其降低至可接受的水平，执业的职业会计师不应当接受这种礼品或款待。

第270节
保管客户资产

270.1 除非法律法规允许，执业的职业会计师不应当提供保管客户资金或其他资产的服务。如果根据法律法规的规定保管客户资金或其他资产，持有该资产的执业的职业会计师应当履行相应的法定义务。

270.2 保管客户资产可能对职业道德基本原则产生威胁，例如，持有客户资产对良好职业行为原则产生自身利益威胁，也可能对客观和公正原则产生自身利益威胁。因此，当执业的职业会计师受托保管他人资金（或其他资产）时，应当：

（a）将客户资金或其他资产与其个人或会计师事务所的资产分开；

（b）仅按照预定用途使用这些资产；

（c）随时准备向相关人员报告资产状况及产生的任何收入、红利或利得；

（d）遵守所有与保管这些资产和履行报告义务相关的法律法规。

270.3 作为客户关系的接受和业务的承接程序的一部分，对于可能涉及保管客户资产的服务，执业的职业会计师应当适当询问这些资产的来源，并考虑应当履行的法定义务。例如，如果资产来源于非法活动（如洗钱），将对职业道德基本原则产生威胁。在这种情况下，职业会计师可以考虑征询法律建议。

第 280 节
针对所有服务对客观和公正原则的要求

280.1 在提供专业服务时，执业的职业会计师如果在客户中拥有经济利益，或与客户董事、高级管理人员或员工存在利益或关系，都应当确定是否对客观和公正原则产生威胁。例如，家庭关系、密切的私人关系或商业关系，可能对客观和公正原则产生密切关系威胁。

280.2 在提供鉴证服务时，执业的职业会计师应当从实质上和形式上独立于鉴证客户，客观和公正地提出结论，并且在外界看来没有偏见、无利益冲突、不受他人的不当影响。第 290 节和第 291 节对执业的职业会计师就执行鉴证业务时的独立性提供具体指引。

280.3 在提供专业服务时，对客观和公正原则的威胁存在与否取决于业务的具体情形和执业的职业会计师所执行工作的性质。

280.4 执业的职业会计师应当评价威胁的严重程度，并在必要时采取防范措施消除威胁或将其降低至可接受的水平。防范措施主要包括：

（a）退出项目组；

（b）实施督导程序；

（c）终止产生威胁的经济或商业关系；

（d）与会计师事务所内部较高级别的管理人员讨论有关事项；

（e）与客户治理层讨论有关事项。

如果防范措施不能消除威胁或将其降低至可接受的水平，执业的职业会计师应当拒绝接受业务委托或终止业务。

第 290 节

审计和审阅业务的独立性

段落

本节的结构

290.1 本节规定了审计业务和审阅业务对独立性的要求。审计和审阅业务都属于鉴证业务，在鉴证业务中，执业的职业会计师对财务报表发表结论。这类业务包括对整套财务报表和单一财务报表出具报告的审计和审阅业务。关于审计或审阅业务以外的其他鉴证业务的独立性要求，在第 291 节作出规定。

290.2 在某些情况下，审计报告中包含了对报告使用和分发的限制，如果满足某些条件，则本节中的独立性要求可根据第 290.500 段至第 290.514 段的规定作出变通。对于法律法规要求的财务报表审计业务，这种变通是不允许的。

290.3 本节中的下列术语：

（a）“审计”、“审计项目组”、“审计业务”、“审计客户”和“审计报告”包括审阅、审阅项目组、审阅业务、审阅客户和审阅报告；

（b）除非有特别说明，本节所称的会计师事务所包括网络事务所。

独立性概念框架

290.4 在审计业务中，为符合公众利益，本守则要求审计项目组成员、会计师事务所和网络事务所应当独立于审计客户。

290.5 本节的目标是帮助会计师事务所和审计项目组成员运用下文所述的概念框架以达到和保持独立性。

290.6 独立性包括：

（a）实质上的独立性。实质上的独立性是一种内心状态，使得执业的职业会计师在提出结论时不受损害职业判断的因素影响，因而能够诚信行事，遵循客观和公正原则，保持职业怀疑态度。

（b）形式上的独立性。形式上的独立性是指避免出现重大的事实和情况，使得一个理性且掌握充分信息的第三方，在权衡所有相关事实和情况后，很可能认为会计师事务所或审计项目组成员的诚信原则、客观和公正原则或职业怀疑态度已受到损害。

290.7 职业会计师应当运用概念框架，以：

（a）识别对独立性的威胁；

（b）评价所识别威胁的严重程度；

（c）必要时采取防范措施消除威胁或将其降低至可接受的水平。

如果无法采取适当的防范措施或所采取的防范措施不能消除威胁或将其降低至可接受的水平，职业会计师应当消除产生威胁的情形或关系，或拒绝接受审计业务委托或终止审计业务。

在运用独立性概念框架时，职业会计师应当运用职业判断。

290.8 评价对独立性的威胁可能与很多不同情形或情形的组合相关。界定对独立性产生威胁的所有情况，并指出应采取的适当措施是不可能的。因此，本守则建立了一套概念框架，要求会计师事务所和审计项目组成员识别、评价并应对对独立性的威胁。该概念框架有助于执业的职业会计师遵守本守则规定的道德要求，适用于对独立性产生威胁的各种不同情形，并可以防止职业会计师认为未明确禁止的情形就是允许的。

290.9 第 290.100 段及以后的段落介绍了独立性概念框架是如何应用的。这些段落并未涵盖所有可能遇到的、对独立性产生或可能产生威胁的情形和关系。

290.10 在确定是否接受或保持某项业务，或某一特定人员能否作为审计项目组成员时，会计师事务所应当识别和评价各种对独立性的威胁。如果威胁超出可接受的水平，在确定是否接受某项业务或某一特定人员能否作为审计项目组成员时，会计师事务所应当确定能否采取防范措施以消除威胁或将其降低至可接受的水平。在确定是否保持某项业务时，会计师事务所应当确定现有的防范措施对于消除这些威胁或将其降低至可接受的水平是否仍然有效，或是否需要采取其他防范措施，或终止业务。在执行业务过程中，如果注意到任何有关对独立性产生威胁的新情况，会计师事务所都应当运用概念框架评价威胁的严重程度。

290.11 本节通篇提到对独立性威胁的严重程度。在评价威胁的严重程度时，应当从性质和数量两个方面予以考虑。

290.12 在大多数情况下，本节不对会计师事务所内部人员的个人独立性责任作出规定，因为这些责任可能因会计师事务所的规模、结构和组织形式而不同。根据国际质量控制准则的要求，会计师事务所应当制定政策和程序，以合理保证其已按照相关道德规范的要求保持独立性。此外，国际审计准则还要求项目合伙人就遵守业务适用的独立性要求的情况形成结论。

网络与网络事务所

290.13 如果某一会计师事务所被视为网络事务所，应当与网络中其他会计师事务所的审计客户保持独立（除非本守则另有明确规定）。本节对网络事务所独立性的要求，适用于所有符合网络事务所定义的实体（如从事咨询业务或专业法律业务的实体），而无论该实体本身是否定义为会计师事务所。

290.14 会计师事务所通常与其他会计师事务所或实体构成联合体，旨在增强提供专业服务的能力。这些联合体是否形成网络取决于具体事实和情况，而不取决于会计师事务所或实体是否在法律上各自独立。例如，一个联合体仅为方便介绍工作，并不符合构成网络的必要标准。然而，如果一个联合体以合作为目的，并且这些事务所享有同一个品牌，同一套质量控制系统或共享重要的专业资源，则应被视为一个网络。

290.15 判断一个联合体是否形成网络，应当取决于一个理性且掌握充分信息的第三方，在权衡所有相关事实和情况后，是否很可能认为这些实体形成网络。这种判断应当在整个网络范围内得到一致运用。

290.16 如果一个联合体旨在通过合作，在各实体之间共享收益或分担成本，应被视为网络。然而，如果分担的成本不重要，则分担成本本身并不足以使该联合体形成一个网络。如果分担的成本仅限于与开发审计方法、编制审计手册或提供培训课程有关的成本，也不应当被视为网络。此外，如果会计师事务所与某一不相关的实体以联合方式提供服务或研发产品，则不形成网络。

290.17 如果一个联合体旨在通过合作，在各实体之间共享所有权、控制权或管理权，应被视为网络。这种网络关系可能通过合同或其他方式实现。

290.18 如果一个联合体旨在通过合作，在各实体之间共享统一的质量控制政策和程序，应被视为网络。统一的质量控制政策和程序，应当在整个联合体中得到统一设计、实施和监控。

290.19 如果一个联合体旨在通过合作，在各实体之间共享同一经营战略，应被视为网络。共享同一经营战略，是指实体之间通过协议实现共同的战略目标。如果一个实体与其他实体仅以联合方式应邀提供专业服务，不形成网络。

290.20 如果一个联合体旨在通过合作，在各实体之间使用同一品牌，应被视为网络。同一品牌包括共同的名称缩写或共同的名称。当会计师事务所的合伙人签署审计报告时，如果将共同的品牌作为会计师事务所名称的一部分或与其名称联系在一起，则该会计师事务所应被视为使用了同一品牌。

290.21 即使某一会计师事务所不属于某一网络，也不使用同一品牌作为该会计师事务所名称的一部分，如果在文具或宣传材料上提及本所是某一会计师事务所联合体的成员，可能使人产生其属于某一网络的印象。因此，如果该会计师事务所未慎重考虑如何描述这种成员关系，可能会造成该会计师事务所属于某一网络的印象。

290.22 如果会计师事务所转让了其业务的某一部分，虽然该部分不再与其有关联，但转让协议可能规定，允许该部分在一定期间内继续使用其名称或名称中的要素。在这种情况下，尽管会计师事务所和转让出的部分使用共同的名称执业，但事实上这两个实体并不属于以合作为目的的联合体，因此不构成网络。在向外界介绍自己时，这些实体应当确定如何说明两者不构成网络。

290.23 如果一个联合体旨在通过合作，在实体之间共享重要的专业资源，应被视为网络。专业资源包括：

（a）能够使各会计师事务所之间交流诸如客户资料、收费安排和时间记录等信息的共享系统；

（b）合伙人和员工；

（c）技术部门，负责就鉴证业务中的技术或行业特定问题、交易或事项提供咨询；

（d）审计方法或审计手册；

（e）培训课程和设施。

290.24 执业的职业会计师应当根据相关事实和情况，确定共享的专业资源是否重要，并判断这些会计师事务所是否为网络事务所。如果共享的资源仅限于共同的审计方法或审计手册，并不交流人员、客户信息或市场信息，则这种共享的资源不太可能被认为是重要的。共享培训资源的情况与之类似。然而，如果共享的资源包括人员或信息的交流，例如可以通过一个共享的平台使用员工，或在联合体中建立一个共有的技术部门以向参与其中的事务所提供要求遵循的技术建议，则一个理性且掌握充分信息的第三方很可能认为这些共享的资源是重要的。

公众利益实体

290.25 本节对与公众利益实体相关的独立性事项作出了额外规定。本节所述的公众利益实体，包括：

（a）所有上市实体，以及

（b）所有符合下列条件的实体：

（i）法律法规界定的公众利益实体；

（ii）根据法律法规的规定，需要按照上市实体审计独立性要求接受审计的实体。这些法律法规可能是由任何相关监管机构，包括审计监管机构发布的。

290.26 如果上述实体以外的其他实体拥有数量众多且分布广泛的

利益相关者，则本守则鼓励会计师事务所和成员所考虑是否将其作为公众利益实体对待。需要考虑的因素包括：

（a）实体业务的性质，如以受托人身份持有大量利益相关者的资产。例如银行、保险公司和公积金等金融机构；

（b）实体的规模；

（c）员工的数量。

关联实体

290.27 在审计客户是上市实体的情况下，本节所称审计客户包括该客户的所有关联实体（除非另有规定）。在审计客户不是上市实体的情况下，本节所称审计客户仅包括该客户直接或间接控制的关联实体。如果审计项目组知悉或有理由相信某一关系或情形涉及客户的其他关联实体，且与评价会计师事务所对该客户的独立性相关，则审计项目组在识别和评价对独立性的威胁并采取适当防范措施时应当将该其他关联实体包括在内。

治理层

290.28 即使本守则、适用的审计准则或法律法规没有提出要求，本守则也鼓励会计师事务所定期就其认为可能影响独立性的关系和其他事项与治理层沟通。通过沟通，可以使治理层能够：

（a）考虑会计师事务所在识别和评价对独立性的威胁时作出的判断是否正确；

（b）考虑会计师事务所为消除威胁或将其降低至可接受的水平所采取的防范措施是否适当；

（c）采取适当的措施。

对于外在压力威胁和密切关系威胁，这种沟通尤其有效。

工作记录

290.29 工作记录可以提供证据，以证明职业会计师在就是否遵守独立性要求形成结论时运用的职业判断。然而，记录的缺失并非判定会计师事务所是否考虑了特定事项或是否独立的决定性因素。

职业会计师应当记录就遵守独立性要求的情况形成的结论以及为形成结论而讨论的主要内容。因此：

（a）如果需要采取防范措施将某种威胁降低至可接受的水平，职业会计师应当记录该威胁的性质以及将威胁降低至可接受的水平所采取的防范措施；

（b）如果需要对某种威胁进行大量分析才能确定是否有必要采取防范措施，而职业会计师认为由于威胁未超出可接受的水平不需要采取防范措施，职业会计师应当记录威胁的性质以及得出不需采取防范措施结论的理由。

业务期间

290.30 执业的职业会计师应当在业务期间和财务报表涵盖的期间独立于审计客户。业务期间自审计项目组开始执行审计业务之日起，至出具审计报告之日止。如果审计业务具有连续性，业务期间结束日应以其中一方通知解除业务关系或出具最终审计报告两者时间孰晚为准。

290.31 如果一个实体在会计师事务所将要发表意见的财务报表涵盖的期间之内或之后成为审计客户，会计师事务所应当确定下列因素是否对独立性产生威胁：

（a）在财务报表涵盖的期间之内或之后、接受审计业务委托之前，与审计客户之间存在的经济或商业关系；

（b）以往向审计客户提供的服务。

290.32 如果在财务报表涵盖的期间或之后，在审计项目组开始执行审计业务之前，会计师事务所向审计客户提供了非鉴证服务，并且该非鉴证服务在审计期间不允许提供，会计师事务所应当评价提供的非鉴证服务对独立性产生的威胁。如果威胁超出可接受的水平，会计师事务所应当只有在采取防范措施消除威胁或将其降低至可接受的水平的情况下，才能接受审计业务。防范措施主要包括：

（a）不允许提供非鉴证服务的人员担任审计项目组成员；

（b）必要时由其他的职业会计师复核审计和非鉴证工作；

（c）由其他会计师事务所评价非鉴证服务的结果，或由其他会计师事务所重新执行非鉴证服务，并且所执行工作的范围能够使其承担责任。

合并与收购

290.33 如果由于合并或收购，某一实体成为审计客户的关联实体，会计师事务所应当识别和评价其与该关联实体以往和目前存在的利益或关系，并在考虑可能的防范措施后确定是否影响独立性以及在合并或收购生效日后能否继续执行审计业务。

290.34 会计师事务所应当在合并或收购生效日前采取必要措施终止目前存在的、本守则不允许的利益或关系。然而，如果在合并或收购生效日前不能合理地终止该利益或关系（例如，在合并或收购生效日之前，该关联实体无法有序地将会计师事务所提供的非鉴证服务转移至另一服务提供者），则会计师事务所应当评价由此利益或关系产生的威胁。威胁的严重程度越高，会计师事务所的客观和公正原则受到损害从而无法继续担任审计师的可能性越大，威胁的严重程度取决于下列因素：

（a）利益或关系的性质和重要程度；

（b）审计客户与该关联实体之间关系的性质和重要程度（例如，该关联实体是审计客户的子公司还是母公司）；

（c）合理终止该利益或关系需要的时间。

会计师事务所应当与治理层讨论，在合并或收购生效日前不能合理终止利益或关系的原因以及对由此产生的威胁的严重程度的评价结果。

290.35 如果治理层要求会计师事务所继续执行审计业务，会计师事务所应当只有在同时满足下列条件时，才能同意这一要求：

（a）在合并或收购生效日起的六个月内，尽快地终止目前存在的利益或关系；

（b）存在此类利益或关系的人员，包括通过执行本节不允许提供的非鉴证服务而拥有此类利益或关系的人员，不应当作为审计项目组成员，也不应当负责项目质量控制复核；

（c）必要时拟采取适当的过渡性措施，并就此与治理层讨论。拟采取的适当过渡性措施主要包括：

（i）必要时由其他职业会计师复核审计或非鉴证工作；

（ii）由对财务报表发表意见的会计师事务所之外的其他职业会计师执行相当于项目质量控制复核的复核；

（iii）由其他会计师事务所评价非鉴证服务的结果，或由其他会计师事务所重新执行该非鉴证服务，并且所执行工作的范围能够使其承担责任。

290.36 在合并或收购生效日之前，会计师事务所可能已经完成审计业务的大部分工作，并将在短期内能够完成剩余的工作。在这种情况下，如果治理层要求会计师事务所完成审计业务，而会计师事务所仍然存在本节第290.33段提及的利益或关系，会计师事务所应当只有在同时满足下列条件时，才能同意这一要求：

（a）已经评价了由该利益或关系产生的威胁的严重程度，并与治理层讨论了评价结果；

（b）符合第290.35段第（b）项和第（c）项的要求；

（c）终止作为该实体审计师的日期不迟于签发审计报告的日期。

290.37 在处理以往和目前存在的利益或关系时，即使会计师事务所遵守了第290.33段至第290.36段的规定，仍应当确定利益或关系产生的威胁是否非常严重，以致客观和公正原则受到损害。如果威胁非常严重，会计师事务所应当终止审计业务。

290.38 职业会计师应当记录第290.34段和第290.36段提及的在合

并或收购生效日前不能终止的利益或关系、不能终止的原因、采取的过渡性措施、与治理层讨论的结果以及以往和目前存在的利益或关系并未对客观和公正原则造成损害的理由。

其他方面的考虑

290.39 无意中违反本节规定的情况可能会发生。如果会计师事务所具有维护独立性的适当质量控制政策和程序，该政策和程序与国际质量控制准则的要求相符，并且能够立即纠正发现的违规情况，并采取必要的防范措施消除威胁或将其降低至可接受的水平，则通常不被视为损害独立性。会计师事务所应当决定是否就该情况与治理层讨论。

第 290.40 段至第 290.99 段特意留空。

独立性概念框架

290.100 第 290.102 段至第 290.230 段描述了对独立性产生威胁或可能产生威胁的特定情形和关系。这些段落描述了可能产生的威胁以及可能消除威胁或将其降低至可接受的水平的适当的防范措施的类型，并识别出不能采取防范措施将威胁降低至可接受的水平的特定情形。这些段落并不涵盖对独立性产生威胁或可能产生威胁的所有情形和关系。会计师事务所和审计项目组成员应当评价相似但不同情形和关系的影响，并确定是否可以在必要时采取防范措施（包括第 200.12 段至第 200.15 段列举的防范措施）以消除对独立性的威胁或将其降低至可接受的水平。

290.101 第 290.102 段至第 290.126 段涉及经济利益、贷款或担保，或商业关系的重要性。为确定这种利益对个人是否重要，可能需要将该个人及其直系亲属的净资产总额考虑在内。

经济利益

290.102 在审计客户中拥有经济利益，可能产生自身利益威胁。威胁存在与否及其严重程度取决于下列因素：

（a）拥有经济利益人员的角色；

（b）经济利益是直接还是间接的；

（c）经济利益的重要性。

290.103 受益人可能通过投资工具（例如，集合投资工具、不动产或信托）拥有经济利益。确定经济利益是直接还是间接的，取决于受益人能否控制投资工具或具有影响投资决策的能力。如果受益人能够控制投资工具或具有影响投资决策的能力，本守则将这种经济利益定义为直接经济利益。反之，如果受益人不能控制投资工具或不具有影响投资决策的能力，本守则将这种经济利益定义为间接经济利益。

290.104 如果审计项目组成员、其直系亲属或会计师事务所在审计客户中拥有直接经济利益或重大间接经济利益，将产生非常严重的自身利益威胁，没有防范措施能够将其降低至可接受的水平。因此，审计项目组成员、其直系亲属或会计师事务所不应当在审计客户中拥有直接经济利益或重大间接经济利益。

290.105 如果审计项目组成员知悉其某一近亲属在审计客户中拥有直接经济利益或重大间接经济利益，将产生自身利益威胁。威胁的严重程度主要取决于下列因素：

（a）审计项目组成员与其近亲属之间关系的性质；

（b）经济利益对该近亲属的重要性。

会计师事务所应当评价威胁的严重程度，并在必要时采取防范措施消除威胁或将其降低至可接受的水平。防范措施主要包括：

（a）由近亲属尽快处置全部经济利益，或处置全部直接经济利益并处置足够数量的间接经济利益，以使剩余经济利益不再重大；

（b）由其他职业会计师复核审计项目组成员已执行的工作；

（c）将该成员调离审计项目组。

290.106 当一个实体在审计客户中拥有控制性的权益，并且审计客户对该实体重要时，如果审计项目组成员、其直系亲属或会计师事务所在该实体中拥有直接经济利益或重大间接经济利益，将产生非常严重的自身利益威胁，没有防范措施能够将其降低至可接受的水平。因此，审计项目组成员、其直系亲属或会计师事务所不应当拥有此类经济利益。

290.107 通过会计师事务所的退休金计划而在审计客户中拥有直接经济利益或重大间接经济利益可能产生自身利益威胁。职业会计师应当评价威胁的严重程度，并在必要时采取防范措施消除威胁或将其降低至可接受的水平。

290.108 当其他合伙人与执行审计业务的项目合伙人同处一个分部时，如果其他合伙人或其直系亲属在审计客户中拥有直接经济利益或重大间接经济利益，将产生非常严重的自身利益威胁，没有防范措施能够将其降低至可接受的水平。因此，其他合伙人或其直系亲属不应当在审计客户中拥有此类经济利益。

290.109 执行审计业务的项目合伙人所处的分部并不一定是其所隶属的分部。当项目合伙人与审计项目组其他成员隶属于不同的分部时，会计师事务所应当运用职业判断确定项目合伙人执行审计业务时所处的分部。

290.110 如果为审计客户提供非审计服务的其他合伙人、管理人员或其直系亲属在审计客户中拥有直接经济利益或重大间接经济利益，除非该合伙人或管理人员的参与程度极低，否则将产生非常严重的自身利益威胁，没有防范措施能够将其降低至可接受的水平。因此，此类人员或其直系亲属不应当在审计客户中拥有此类经济利益。

290.111 尽管第 290.108 段和第 290.110 段已作出规定，执行审计业务的项目合伙人所处分部的其他合伙人或者向审计客户提供非审计服务的合伙人或管理人员，如果其直系亲属在该审计客户中拥有经济利益，只要其直系亲属作为审计客户的员工有权（例如，通过退休金或股票期权计划）取得该经济利益，并且在必要时能够采取防范措施消除威胁或将其降低至可接受的水平，则不被视为损害独立性。然而，如果其直系亲属拥有或取得处置该经济利益的权利，或者在股票期权中，有权行使期权，则应当尽快处置或放弃该经济利益。

290.112 会计师事务所、审计项目组成员或其直系亲属在某一实体拥有经济利益，并且审计客户也在该实体拥有经济利益，可能产生自身利益威胁。如果经济利益并不重大，并且审计客户不能对该实体施加重大影响，则不被视为损害独立性。如果经济利益对任何一方都重大，并且审计客户能够对该实体施加重大影响，则没有防范措施能够将威胁降低至可接受的水平。因此，会计师事务所不应当拥有此类经济利益，拥有此类经济利益的人员，在成为审计项目组成员之前应当：

（a）处置全部经济利益，或

（b）处置足够数量的经济利益，使剩余经济利益不再重大。

290.113 审计项目组成员、其直系亲属或会计师事务所在某一实体拥有经济利益，并且知悉审计客户的董事、高级管理人员或具有控制权的所有者也在该实体拥有经济利益，则可能产生自身利益威胁、密切关系威胁或外在压力威胁。威胁存在与否及其严重程度取决于下列因素：

（a）该项目组成员在审计项目组中的角色；

（b）实体的所有权是由少数人持有还是多数人持有；

（c）经济利益是否使得投资者能够控制该实体，或对其施加重大影响；

（d）经济利益的重要性。

会计师事务所应当评价威胁的严重程度，并在必要时采取防范措施消除威胁或将其降低至可接受的水平。防范措施主要包括：

（a）将拥有该经济利益的审计项目组成员调离审计项目组；

（b）由其他职业会计师复核该审计项目组成员已执行的工作。

290.114 如果会计师事务所、审计项目组成员或其直系亲属作为受托管理人在审计客户中拥有直接经济利益或重大间接经济利益，将产生自身利益威胁。类似地，如果下列人员作为受托管理人在审计客户中拥有直接经济利益或重大间接经济利益，也将产生自身利益威胁：

（a）与执行审计业务的项目合伙人处于同一分部的其他合伙人；

（b）向审计客户提供非审计服务的其他合伙人或管理人员（除非他们的参与程度极低）；

（c）上述人员的直系亲属。

只有同时满足下列条件时，才允许拥有上述经济利益：

（a）受托管理人、其直系亲属和会计师事务所均不是受托财产的受益人；

（b）通过信托而在审计客户中拥有的经济利益对于该项信托业务并不重大；

（c）该项信托不能对审计客户施加重大影响；

（d）受托管理人、其直系亲属或会计师事务所对包含审计客户经济利益在内的投资决策没有重大影响。

290.115 审计项目组成员应当确定其他人员在审计客户中拥有已知的经济利益是否会产生自身利益威胁，这些其他人员包括：

（a）除前文所述人员以外的合伙人、专业人员或其直系亲属；

（b）与审计项目组成员存在密切私人关系的人员。

这些经济利益是否产生自身利益威胁取决于下列因素：

（a）会计师事务所的组织结构、经营模式和沟通机制；

（b）本条前款提及人员与审计项目组成员之间的关系。

职业会计师应当评价威胁的严重程度，并在必要时采取防范措施消除威胁或将其降低至可接受的水平。防范措施主要包括：

（a）将存在密切私人关系的审计项目组成员调离审计项目组；

（b）不允许该审计项目组成员参与有关审计业务的任何重大决策；

（c）由其他职业会计师复核该审计项目组成员已执行的工作。

290.116 如果会计师事务所、合伙人或其直系亲属、员工或其直系亲属，从审计客户获得直接经济利益或重大的间接经济利益（例如，通过继承、馈赠或由合并而获得经济利益），而根据本节的规定不允许拥有此类经济利益，则应当采取下列措施：

（a）如果会计师事务所获得经济利益，应当立即处置全部经济利益，或处置全部直接经济利益并处置足够数量的间接经济利益，以使剩余经济利益不再重大；

（b）如果审计项目组成员或其直系亲属获得经济利益，应当立即处置全部经济利益，或处置全部直接经济利益并处置足够数量的间接经济利益，以使剩余经济利益不再重大；

（c）如果审计项目组以外的人员或其直系亲属获得经济利益，应当在合理期限内尽快处置全部经济利益，或处置全部直接经济利益并处置足够数量的间接经济利益，以使剩余经济利益不再重大。在完成处置该经济利益前，会计师事务所应当确定是否需要采取防范措施。

290.117 当无意中违反本节有关经济利益的规定时，如果会计师事务所同时满足下列条件，不被视为损害独立性：

（a）会计师事务所已经制定政策和程序，要求在因购买、继承或其他方式拥有审计客户的经济利益而违反规定时，立即向会计师事务所报告；

（b）在适当的情况下采取了第290.116段第（a）至（c）项所规定的措施；

（c）会计师事务所在必要时已采取其他防范措施将剩余威胁降低至可接受的水平，防范措施主要包括：

（i）由其他职业会计师复核该审计项目组成员已执行的工作；

（ii）不允许该成员参与任何有关该审计业务的重大决策。

会计师事务所应当确定是否就该事项与治理层讨论。

贷款和担保

290.118 审计项目组成员或其直系亲属、会计师事务所从银行或类似金融机构等审计客户取得贷款，或获得贷款担保，可能对独立性产生威胁。如果审计客户不按照正常的程序、条款和条件提供贷款或担保，将产生非常严重的自身利益威胁，没有防范措施能够将其降低至可接受的水平。因此，审计项目组成员和其直系亲属、会计师事务所不应当接受此贷款或担保。

290.119 如果会计师事务所按照正常的贷款程序、条款和条件，从银行或类似金融机构等审计客户取得贷款，即使该贷款对审计客户或会计师事务所影响重大，也可能通过采取防范措施将所产生的自身利益威胁降低至可接受的水平。采取的防范措施包括由网络事务所中未参与执行审计业务且未接受该贷款的职业会计师复核已执行的工作等。

290.120 审计项目组成员或其直系亲属从银行或类似金融机构等审计客户取得贷款，或由审计客户提供贷款担保，如果按照正常的程序、条款和条件取得贷款或担保，则不会对独立性产生威胁。这类贷款包括房屋抵押贷款、银行透支、汽车贷款和信用卡透支等。

290.121 会计师事务所、审计项目组成员或其直系亲属从不属于银行或类似金融机构的审计客户取得贷款，或由审计客户提供贷款担保，将产生非常严重的自身利益威胁，没有防范措施能够将其降低至可接受的水平，除非该项贷款或担保对会计师事务所、审计项目组成员、项目组成员的直系亲属以及对客户均不重大。

290.122 类似地，会计师事务所、审计项目组成员或其直系亲属向审计客户提供贷款或为其提供担保，将产生非常严重的自身利益威胁，没有防范措施能够将其降低至可接受的水平，除非该贷款或担保对会计师事务所、审计项目组成员、项目组成员的直系亲属以及对客户均不重大。

290.123 会计师事务所、审计项目组成员或其直系亲属在银行、经纪人或类似金融机构等审计客户开立存款或经纪人账户，如果存款或账户按照正常的商业条件持有，不会对独立性产生威胁。

商业关系

290.124 会计师事务所、审计项目组成员或其直系亲属与审计客户或其高级管理人员之间，由于商务关系或共同的经济利益而存在密切的商业关系，可能产生自身利益威胁或外在压力威胁。这些商业关系主要包括：

（a）在与客户或其控股股东、董事、高级管理人员或其他为该客户执行高级管理活动的人员共同开办的企业中拥有经济利益；

（b）按照协议，将会计师事务所的服务或产品与客户的服务或产品结合在一起，并以双方名义捆绑销售；

（c）按照协议，会计师事务所销售或推广客户的产品或服务，或者客户销售或推广会计师事务所的产品或服务。

除非经济利益不重大，并且商业关系对会计师事务所及客户或其管理层不重要，否则没有防范措施能够将威胁降低至可接受的水平。因此，除非经济利益不重大且商业关系不重要，会计师事务所不应当介入此类商业关系；如果存在此类商业关系，应当将其降低至不重要的水平或予以终止。

对于审计项目组成员而言，除非此类经济利益不重大且商业关系对该人员不重要，否则应当将该成员调离审计项目组。

如果审计项目组成员的直系亲属与审计客户或其高级管理人员存在此类商业关系，会计师事务所应当评价威胁的严重程度，并在必要时采取防范措施消除威胁或将其降低至可接受的水平。

290.125 如果会计师事务所、审计项目组成员或其直系亲属在某股东人数有限的实体中拥有经济利益，而审计客户或其董事、高级管理人员，或审计客户中的任何团体也在该实体拥有经济利益，在同时满足下列条件时，这种商业关系不会对独立性产生威胁：

（a）这种商业关系对于会计师事务所、审计项目组成员或其直系亲属以及客户均不重要；

（b）该经济利益对一个或几个投资者并不重大；

（c）该经济利益不能使一个或几个投资者控制该股东人数有限的实体。

290.126 会计师事务所、审计项目组成员或其直系亲属从审计客户购买商品或服务，如果按照正常的商业程序公平交易，通常不对独立性产生威胁。然而，如果交易性质特殊或金额较大，可能产生自身利益威胁。会计师事务所应当评价威胁的严重程度，并在必要时采取防范措施消除威胁或将其降低至可接受的水平。防范措施主要包括：

（a）取消交易或降低交易规模；

（b）将相关审计项目组成员调离审计项目组。

家庭和私人关系

290.127 如果审计项目组成员与审计客户的董事、高级管理人员，或特定员工（取决于该员工担任的职务）之间存在家庭和私人关系，可能产生自身利益威胁、密切关系威胁或外在压力威胁。威胁存在与否及其严重程度取决于多种因素，包括该成员在审计项目组的角色、其家庭成员或相关人员在客户中的职位以及关系的密切程度等。

290.128 如果审计项目组成员的直系亲属是：

（a）审计客户的董事或高级管理人员，或

（b）所处职位能够对客户会计记录或会计师事务所将要发表意见的财务报表的编制施加重大影响的员工，

或在业务期间或财务报表涵盖期间曾担任上述职务，只有把该成员调离审计项目组，才能将对独立性的威胁降低至可接受的水平。由于这种关系如此密切，没有其他防范措施能够将其对独立性的威胁降低至可接受的水平。因此，拥有此类关系的人员不应当担任审计项目组成员。

290.129 如果审计项目组成员的直系亲属在审计客户中所处职位能够对客户的财务状况、经营成果或现金流量施加重大影响，将对独立性产生威胁。威胁的严重程度主要取决于下列因素：

（a）该直系亲属在客户中的职位；

（b）该成员在审计项目组中的角色。

会计师事务所应当评价威胁的严重程度，并在必要时采取防范措施消除威胁或将其降低至可接受的水平。防范措施主要包括：

（a）将该成员调离审计项目组；

（b）合理安排审计项目组成员的职责，使该成员的工作不涉及其直系亲属的职责范围。

290.130 如果审计项目组成员的近亲属满足下列情况，将对独立性产生威胁：

（a）是审计客户的董事或高级管理人员；或

（b）是所处职位能够对客户会计记录或会计师事务所将要发表意见的财务报表的编制施加重大影响的员工。

威胁的严重程度主要取决于下列因素：

（a）审计项目组成员与其近亲属的关系；

（b）该近亲属在客户中的职位；

（c）该成员在审计项目组中的角色。

会计师事务所应当评价威胁的严重程度，并在必要时采取防范措施消除威胁或将其降低至可接受的水平。防范措施主要包括：

（a）将该成员调离审计项目组；

（b）合理安排审计项目组成员的职责，使该成员的工作不涉及其近亲属的职责范围。

290.131 如果审计项目组成员与审计客户的员工存在密切关系，并且该员工是审计客户的董事、高级管理人员或所处职位能够对客户会计记录或会计师事务所将要发表意见的财务报表的编制施加重大影响的员工，即使该员工不是审计项目组成员的直系亲属或近亲属，也将对独立性产生威胁。拥有此类关系的审计项目组成员应当按照会计师事务所的政策和程序进行咨询。威胁的严重程度主要取决于下列因素：

（a）该员工与审计项目组成员的关系；

（b）该员工在客户中的职位；

（c）该成员在审计项目组中的角色。

会计师事务所应当评价威胁的严重程度，并在必要时采取防范措施消除威胁或将其降低至可接受的水平。防范措施主要包括：

（a）将该成员调离审计项目组；

（b）合理安排审计项目组成员的职责，使其工作不涉及与之存在密切关系的员工的职责范围。

290.132 会计师事务所中审计项目组以外的合伙人或员工，与审计客户的董事、高级管理人员或所处职位能够对客户会计记录或会计师事务所将要发表意见的财务报表的编制施加重大影响的员工之间存在私人或家庭关系，也可能产生自身利益威胁、密切关系威胁或外在压力威胁。会计师事务所合伙人或员工在知悉此类关系后，应当按照会计师事务所的政策和程序进行咨询。威胁存在与否及其严重程度主要取决于下列因素：

（a）该合伙人或员工与审计客户董事、高级管理人员或其他员工之间的关系；

（b）该合伙人或员工与审计项目组之间的相互影响；

（c）该合伙人或员工在会计师事务所中的角色；

（d）该人员在客户中的职位。

会计师事务所应当评价威胁的严重程度，并在必要时采取防范措施消除威胁或将其降低至可接受的水平。防范措施主要包括：

（a）合理安排该合伙人或员工的职责，以减少对审计项目组可能产生的影响；

（b）由其他职业会计师复核已执行的相关审计工作。

290.133 当无意中违反本节有关家庭和私人关系的规定时，如果同时满足下列条件，不被视为损害独立性：

（a）会计师事务所已经制定政策和程序，要求所有专业人员在其直系亲属、近亲属或与其存在私人关系的员工因工作变动而违反规定时，立即向会计师事务所报告；

（b）审计项目组成员因其直系亲属成为审计客户的董事、高级管理人员或处于能够对客户会计记录或会计师事务所将要发表意见的财务报表的编制施加重大影响的职位而无意中违反规定时，将该成员调离审计项目组；

（c）会计师事务所在必要时已采取其他防范措施将剩余威胁降低至可接受的水平。防范措施主要包括：

（i）由其他职业会计师复核该审计项目组成员已执行的工作；

（ii）不允许该成员参与任何有关该业务的重大决策。

会计师事务所应当确定是否就该事项与治理层讨论。

与审计客户发生雇佣关系

290.134 如果审计客户的董事、高级管理人员或所处职位能够对客户会计记录或会计师事务所将要发表意见的财务报表的编制施加重大影响的员工，曾经是审计项目组的成员或会计师事务所的合伙人，可能产生密切关系威胁或外在压力威胁。

290.135 如果审计项目组前任成员或会计师事务所前任合伙人加入审计客户并担任上述职位，并且与会计师事务所仍保持重要交往，将产生非常严重的威胁，没有防范措施能够将其降低至可接受的水平。因此，如果审计项目组前任成员或会计师事务所前任合伙人加入审计客户，担任董事或高级管理人员，或所处职位能够对客户会计记录或会计师事务所将要发表意见的财务报表的编制施加重大影响的员工，除非同时满足下列条件，否则将被视为损害独立性：

（a）该人员无权从会计师事务所获取福利或报酬，除非这些福利或报酬是按照预先确定的固定金额支付的，并且未付金额对会计师事务所不重要；

（b）该人员未继续参与或在外界看来未参与会计师事务所的经营活动或专业活动。

290.136 如果审计项目组前任成员或会计师事务所前任合伙人加入审计客户并担任上述职位，但该人员与会计师事务所已经没有重要交往，所产生的密切关系威胁或外在压力威胁存在与否及其严重程度取决于下列因素：

（a）该人员在审计客户中所处的职位；

（b）该人员将与审计项目组交往的程度；

（c）该人员离开审计项目组成员的职位或离开会计师事务所合伙人职位的时间长短；

（d）该人员以前在审计项目组或会计师事务所中的角色。例如，该人员是否负责与客户管理层或治理层保持定期联系。

会计师事务所应当评价威胁的严重程度，并在必要时采取防范措施消除威胁或将其降低至可接受的水平。防范措施主要包括：

（a）修改审计计划；

（b）向审计项目组分派经验更丰富的人员；

（c）由其他职业会计师复核前任审计项目组成员已执行的工作。

290.137 如果会计师事务所前任合伙人加入某一实体并担任上述职位，而该实体随后成为会计师事务所的审计客户，会计师事务所应当评价对独立性威胁的严重程度，并在必要时采取防范措施消除威胁或将其降低至可接受的水平。

290.138 如果审计项目组某一成员参与审计业务，当知道自己在未来某一时间将要或有可能加入审计客户时，将产生自身利益威胁。会计师事务所应当制定政策和程序，要求审计项目组成员在与客户协商受雇于该客户时，向会计师事务所报告。在接到报告后，会计师事务所应当评价威胁的严重程度，并在必要时采取防范措施消除威胁或将其降低至可接受的水平。防范措施主要包括：

（a）将该成员调离审计项目组；

（b）复核该成员在审计项目组中作出的重大判断。

属于公众利益实体的审计客户

290.139 如果某一关键审计合伙人加入属于公众利益实体的审计客户，担任董事、高级管理人员，或能够对会计记录或会计师事务所将要发表意见的财务报表的编制施加重大影响的员工，将产生密切关系威胁或外在压力威胁。

除非该合伙人不再担任关键审计合伙人后，该公众利益实体发布了已审计财务报表，其涵盖期间不少于十二个月，并且该合伙人不是该财务报表审计项目组成员，否则独立性将被视为受到损害。

290.140 如果会计师事务所的高级或管理合伙人（首席执行官或同等职位）加入属于公众利益实体的审计客户，

（a）担任能够对该实体的会计记录或财务报表的编制施加重大影响的员工；或

（b）该实体的董事或高级管理人员，

将产生外在压力威胁。除非该高级或管理合伙人（首席执行官或同等职位）离职已超过十二个月，否则独立性将被视为受到损害。

290.141 如果由于企业合并的原因，会计师事务所前任关键审计合伙人或前任高级或管理合伙人处于第290.139段和第290.140段所述的职位，在同时满足下列条件时，不被视为独立性受到损害：

（a）当前任关键审计合伙人接受该职务时，并未预料到会发生企业合并；

（b）前任合伙人在会计师事务所中应得的福利或报酬都已全额支付，除非这些福利或报酬是按照预先确定的固定金额支付的，并且未付金额对会计师事务所不重要；

（c）前任合伙人未继续参与，或在外界看来未参与会计师事务所的经营活动或专业活动；

（d）已就该前任合伙人在审计客户中的职位与治理层讨论。

临时借出员工

290.142 如果会计师事务所向审计客户借出员工，可能产生自我评价威胁。会计师事务所只能短期向客户借出员工并且会计师事务所借调的员工不应当：

（a）提供本节不允许提供的非鉴证服务；

（b）承担管理层职责。

在任何情况下，审计客户都应当对借出员工的活动承担指导和监督责任。

会计师事务所应当评价威胁的严重程度，并在必要时采取防范措施消除威胁或将其降低至可接受的水平。防范措施主要包括：

（a）对借出员工的工作进行额外复核；

（b）合理安排审计项目组成员的职责，使借出员工不对其在借调期间执行的工作进行审计；

（c）不安排借出员工作为审计项目组成员。

最近曾在客户任职

290.143 如果审计项目组成员最近曾担任审计客户的董事、高级管理人员或员工，可能产生自身利益威胁、自我评价威胁或密切关系威胁。如果审计项目组成员在审计客户工作期间曾经编制会计记录，现又对据此形成的财务报表要素进行评价，则可能产生这些威胁。

290.144 如果在审计报告涵盖的期间，审计项目组成员曾担任审计客户的董事、高级管理人员，或所处职位能够对客户会计记录或会计师事务所将要发表意见的财务报表的编制施加重大影响的员工，将产生非常严重的威胁，没有防范措施能够将其降低至可接受的水平。因此，会计师事务所不应当将此类人员分派到审计项目组。

290.145 如果在审计报告涵盖期间之前，审计项目组成员曾担任审计客户的董事、高级管理人员，或所处职位能够对客户会计记录或会计师事务所将要发表意见的财务报表的编制施加重大影响的员工，将产生自身利益威胁、自我评价威胁或密切关系威胁。例如，如果在当期审计业务中需要评价此类人员以前就职于审计客户时作出的决策或工作，将产生这些威胁。威胁存在与否及其严重程度主要取决于下列因素：

（a）该成员在客户中曾担任的职务；

（b）该成员离开客户的时间长短；

（c）该成员在审计项目组中的角色。

会计师事务所应当评价威胁的严重程度，并在必要时采取防范措施将其降低至可接受的水平。防范措施包括复核该成员担任审计项目组成员时已执行的工作。

兼任审计客户的董事或高级管理人员

290.146 如果会计师事务所的合伙人或员工兼任审计客户的董事或高级管理人员，将产生非常严重的自我评价威胁和自身利益威胁，没有防范措施能够将其降低至可接受的水平。因此，会计师事务所的合伙人或员工不应当兼任审计客户的董事或高级管理人员。

290.147 公司秘书这一职位在不同司法管辖区有不同的含义。其职责可能涉及诸如人事管理、公司记录和登记簿的维护等行政性工作，也可能涉及其他职责以确保公司遵守法规，或针对公司治理事项提出相关建议。通常，这一职位被认为与实体存在密切联系。

290.148 如果会计师事务所的合伙人或员工担任审计客户的公司秘书，将产生自我评价威胁和过度推介威胁，通常这些威胁非常严重，没有防范措施能够将其降低至可接受的水平。尽管第290.146段已作出规定，但如果该做法是当地法律、职业规则或惯例明确允许的，并且所有相关决策都由管理层作出，则该公司秘书所承担的责任和行动应当限于日常性和行政性事务，如编制会议纪要和法定申报资料的维护。在这种情况下，会计师事务所应当评价威胁的严重程度，并在必要时采取防范措施消除威胁或将其降低至可接受的水平。

290.149 会计师事务所提供日常和行政事务性的服务以支持公司秘书职能，或提供与公司秘书行政事项有关的建议，只要所有相关决策均由审计客户管理层作出，通常不对独立性产生威胁。

合伙人或高级员工与审计客户长期存在业务关系（包括合伙人轮换）

一般规定

290.150 会计师事务所长期委派同一名合伙人或高级员工执行某一客户的审计业务，将产生密切关系威胁和自身利益威胁。威胁的严重程度主要取决于下列因素：

（a）该人员加入审计项目组的时间长短；

（b）该人员在审计项目组中的角色；

（c）会计师事务所的组织结构；

（d）审计业务的性质；

（e）客户的管理团队是否发生变动；

（f）客户的会计和报告问题的性质或复杂程度是否发生变化。

会计师事务所应当评价威胁的严重程度，并在必要时采取防范措施消除威胁或将其降低至可接受的水平。防范措施主要包括：

（a）将该合伙人或高级员工轮换出审计项目组；

（b）由审计项目组以外的职业会计师复核该合伙人或高级员工已执行的工作；

（c）定期对该业务实施独立的内部或外部质量复核。

属于公众利益实体的审计客户

290.151 如果审计客户属于公众利益实体，执行其审计业务的关键审计合伙人任职时间不应当超过七年。在任期结束后的两年内，该人员不应当再次成为审计项目组成员或关键审计合伙人。在此期间内，该人员不应当参与该客户的审计业务，不应当为该客户的审计业务实施质量控制，不应当就有关技术或行业特定问题、交易或事项向审计项目组或客户咨询，也不应当以其他方式直接影响业务结果。

290.152 尽管第 290.151 段已作出规定，在极其特殊的情况下，会计师事务所可能因无法预见和控制的情形而不能按时轮换关键审计合伙人，如果关键审计合伙人的连任对审计质量特别重要，并且通过采取防范措施能够消除对独立性的威胁或将其降低至可接受的水平，则该关键审计合伙人在审计项目组的时限可以延长一年。例如，如果由于未预见的原因，如计划接任的项目合伙人患了严重的疾病，而不可能按照要求进行轮换，则关键审计合伙人在审计项目组中连任的时间可以延长一年。

290.153 审计项目组的其他合伙人与属于公众利益实体的审计客户

之间长期存在业务关系，将产生密切关系威胁和自身利益威胁。威胁的严重程度主要取决于下列因素：

（a）该合伙人与审计客户存在业务关系的时间长短；

（b）该人员在审计项目组中的角色（如有）；

（c）该人员与客户管理层或治理层交往的性质、频率和范围。

会计师事务所应当评价威胁的严重程度，并在必要时采取防范措施消除威胁或将其降低至可接受的水平。防范措施主要包括：

（a）将该合伙人轮换出审计项目组，或终止其与审计客户存在的业务关系；

（b）定期对该业务实施独立的质量控制复核。

290.154 如果审计客户成为公众利益实体，在确定关键审计合伙人的轮换时间时，会计师事务所应当考虑，在该客户成为公众利益实体之前，该合伙人作为关键审计合伙人已为审计客户提供服务的时间。如果在审计客户成为公众利益实体之前，该合伙人作为关键审计合伙人为该客户服务的时间不超过五年，则该人员还可以为该客户继续提供服务的年限为七年减去已经服务的年限。如果在审计客户成为公众利益实体之前，该合伙人已经作为关键审计合伙人为该客户服务了六年或更长的时间，该合伙人在被轮换出该业务前可以为该客户继续提供服务的年限为两年。

290.155 如果会计师事务所仅有少数人员具有在公众利益实体审计中担任关键审计合伙人所必需的知识和经验，对关键审计合伙人的轮换可能不能作为一项可行的防范措施。在这种情况下，如果相关司法管辖区内的独立监管机构有免除合伙人轮换的规定，则根据这样的规定，该人员担任关键审计合伙人的时间可以多于七年，前提是已经采取了该独立监管机构指定的替代性防范措施，如定期进行独立外部复核。

为审计客户提供非鉴证服务

290.156 会计师事务所向审计客户提供多种与其技能和专长相符的

非鉴证服务。然而，提供非鉴证服务可能对会计师事务所或审计项目组成员的独立性产生威胁。最常见的威胁包括自我评价威胁、自身利益威胁和过度推介威胁。

290.157 由于业务的发展、金融市场的演化和信息技术的变革，本守则难以列举会计师事务所可能向审计客户提供的所有非鉴证服务。当遇到本节未提供具体指引的非鉴证服务时，职业会计师应当在评价特定情形时运用概念框架予以解决。

290.158 在接受委托向审计客户提供非鉴证服务之前，会计师事务所应当确定提供该服务是否将对独立性产生威胁。在评价某一特定非鉴证服务产生威胁的严重程度时，会计师事务所应当考虑审计项目组认为提供其他相关非鉴证服务将产生的威胁。如果没有防范措施能够将威胁降低至可接受的水平，会计师事务所不应当向审计客户提供该非鉴证服务。

290.159 向审计客户提供某些非鉴证服务可能对独立性产生非常严重的威胁，没有防范措施能够将其降低至可接受的水平。然而，如果会计师事务所安排其他会计师事务所审计该客户的关联实体、分支机构或不相关联的财务报表项目，或由其他会计师事务所重新执行非鉴证服务且所执行工作的范围能够使其承担责任，从而会计师事务所已经将威胁降低至可接受的水平时，则无意中向该客户的关联实体、分支机构或不相关联的财务报表项目提供这种非鉴证服务，不被视为损害独立性。

290.160 会计师事务所通常不向审计客户的下列关联实体提供本节限制的非鉴证服务：

（a）不是会计师事务所的审计客户，但能够直接或间接控制审计客户的实体；

（b）不是会计师事务所的审计客户，但在审计客户中拥有直接经济利益的实体，该实体能够对审计客户施加重大影响，并且经济利益对该实体重大；

（c）不是会计师事务所的审计客户，但与审计客户处于同一控制下的实体。

如果有理由认为同时满足下列条件，会计师事务所可以向上述关联实体提供本节限制的非鉴证服务：

（a）由于服务的结果不构成实施审计程序的对象，该服务不会产生自我评价威胁；

（b）已采取防范措施将非鉴证服务所产生的任何威胁予以消除，或将其降低至可接受的水平。

290.161 如果审计客户成为公众利益实体，在同时满足下列条件时，会计师事务所向其提供非鉴证服务不会损害独立性：

（a）以往向该实体提供的非鉴证服务符合本节有关向非公众利益实体提供非鉴证服务的规定；

（b）在客户成为公众利益实体之前终止，或之后尽快终止本节不允许向公众利益实体提供的非鉴证服务；

（c）会计师事务所在必要时已采取防范措施消除对独立性产生的威胁，或将其降低至可接受的水平。

管理层职责

290.162 管理层按照对利益相关者最有利的方式行使多项管理职能。本守则无法详细说明属于管理层职责的每一项活动。然而，管理层职责涉及领导和指挥实体的各项工作，包括针对人力资源、财务资源、有形或无形资源的取得、配置和控制作出重大决策。

290.163 某项活动是否属于管理层职责取决于具体情况，并需要运用判断。下列活动通常被视为管理层职责：

（a）制定政策和战略方针；

（b）指导员工的行动并对该行动负责；

（c）对交易进行授权；

（d）确定采纳会计师事务所或其他第三方提出的建议；

（e）负责按照适用的财务报告框架编制和公允列报财务报表；

（f）负责设计、实施和维护内部控制。

290.164 从事日常和行政性的事务或不重要的活动，通常不被认为是管理层职责。例如，执行一项已由管理层授权的非重要交易，或跟踪法定申报资料规定的提交日期，并告知审计客户这些日期，不被认为是管理层职责。此外，向管理层提供意见和建议以协助管理层履行职责也不是承担管理层职责。

290.165 会计师事务所承担审计客户的管理层职责，将产生非常严重的威胁，没有防范措施能够将其降低至可接受的水平。例如，决定采纳会计师事务所提出的哪些建议将产生自我评价威胁和自身利益威胁。此外，承担管理层职责使会计师事务所过于倾向管理层的观点和利益，将产生密切关系威胁。因此，会计师事务所不应当承担审计客户的管理层职责。

290.166 在向审计客户提供非鉴证服务时，为避免承担管理层职责的风险，会计师事务所应当确保由管理层的成员负责作出属于管理层适当职责的重大判断和决策，评价服务的结果，并对依据服务结果采取的行动负责。这些措施有助于降低会计师事务所无意中代表管理层作出重大判断或决策的风险。如果会计师事务所由客户依据对问题客观、透明的分析和陈述作出判断和决策，将进一步降低这种风险。

编制会计记录和财务报表

一般规定

290.167 按照适用的财务报告框架编制和公允列报财务报表是管理层的职责。这种职责包括：

（a）编制或更改会计分录或者确定交易的账户分类；

（b）编制或更改以电子形式或其他形式存在的、用以证明交易发生的原始凭证或原始数据（例如，采购订单、工时记录和销售订单）。

290.168 会计师事务所向审计客户提供编制会计记录或财务报表等服务，随后又审计该财务报表，将产生自我评价威胁。

290.169 然而，在审计过程中，会计师事务所有必要与审计客户管理层就下列事项进行沟通。此沟通可能涉及：

(a) 对会计准则或会计政策以及财务报表披露要求的运用;

(b) 财务和会计控制以及资产和负债计量方法的适当性;

(c) 会计调整分录的建议。

上述沟通被认为是审计过程的正常组成部分，通常不对独立性产生威胁。

290.170 类似地，审计客户也可能要求会计师事务所就解决账户调节问题、分析和积累监管机构要求提供的信息等事项提供技术支持。另外，客户可能要求会计师事务所就会计事项提供技术建议，如将按照某种财务报告框架编制的财务报表转换为按照另一种财务报告框架（例如，遵守集团会计政策或转换成另一财务报告框架，如国际财务报告准则）编制的财务报表。如果会计师事务所不承担客户的管理层职责，这些服务通常不对独立性产生威胁。

不属于公众利益实体的审计客户

290.171 会计师事务所可以向不属于公众利益实体的审计客户提供与编制会计记录和财务报表有关的服务，前提是该服务属于日常性、机械性的工作，且已将自我评价威胁降低至可接受的水平。此类服务包括:

(a) 根据来源于客户的数据提供工资服务;

(b) 在客户确定或批准账户分类的基础上记录交易;

(c) 将客户已记录的交易过入总分类账;

(d) 将客户批准的分录过入试算平衡表;

(e) 根据试算平衡表中的信息编制财务报表。

在所有情况下，会计师事务所都应当评价威胁的严重程度，并在必要时采取防范措施消除威胁或将其降低至可接受的水平。防范措施主要包括:

(a) 由审计项目组以外的人员提供此类服务;

(b) 如果审计项目组成员提供此类服务，则由审计项目组以外拥有适当专业技能的合伙人或高级员工复核已执行的工作。

属于公众利益实体的审计客户

290.172 除非出现紧急情况，会计师事务所不应当向属于公众利益实体的审计客户提供编制会计记录和财务报表的服务，包括工资服务、编制会计师事务所将要发表意见的财务报表或编制作为财务报表依据的财务信息。

290.173 除不应当提供第 290.172 段规定的服务外，如果会计师事务所向属于公众利益实体的审计客户的分支机构或关联实体提供编制会计记录和财务报表的服务（包括工资服务和编制财务报表或其他财务信息的服务），只要提供的服务属于日常性、机械性的工作，且提供服务的人员不是审计项目组成员，则在满足下列条件之一的情况下，不会损害其独立性：

（a）接受服务的分支机构或关联实体从总体上对会计师事务所将要发表意见的财务报表不具有重要性；

（b）服务所涉及的事项从总体上对该分支机构或关联实体的财务报表不具有重要性。

紧急情况

290.174 如果遇到紧急或极其特殊的情况，审计客户无法作出其他安排，会计师事务所可以在下列情况下向审计客户提供本节不允许提供的编制会计记录和财务报表的服务：

（a）只有该会计师事务所拥有服务的资源，并且熟悉客户的系统和程序，能够协助客户及时编制会计记录和财务报表；

（b）如果限制该会计师事务所提供服务，将给客户带来严重的困难，如导致客户无法向监管机构提供报告。

在上述情况下提供服务，应当满足下列所有条件：

（a）安排审计项目组成员以外的人员提供这些服务；

（b）这些服务只在短期内一次性提供；

（c）已就此事项与治理层讨论。

评估服务

一般规定

290.175 评估包括对未来发展趋势提出相关假设，运用适当的方法和技术，以确定资产、负债或企业整体的价值或价值区间。

290.176 向审计客户提供评估服务可能产生自我评价威胁。威胁存在与否及其严重程度主要取决于下列因素：

（a）评估结果是否对财务报表产生重大影响；

（b）在确定和批准评估方法以及其他重大判断事项时，客户的参与程度；

（c）是否可获得权威的评估方法和指南；

（d）在运用标准或权威的方法进行评估时，评估事项的固有主观程度；

（e）基础数据的可靠性和范围；

（f）对能引起评估金额发生内在重大波动的未来事项的依赖程度；

（g）财务报表披露的范围和详细程度。

会计师事务所应当评价威胁的严重程度，并在必要时采取防范措施消除威胁或将其降低至可接受的水平。防范措施主要包括：

（a）由未参与提供评估服务的专业人员复核已执行的审计或评估工作；

（b）不允许提供评估服务的人员参与审计业务。

290.177 某些评估不涉及高度的主观性。例如，依据的基本假设已由法律法规作出规定或被广泛接受，并且采用的技术和方法是依据公认的准则或法律法规确定的。在这种情况下，由两方或多方执行的评估结果通常不存在重大差异。

290.178 如果审计客户要求会计师事务所提供评估服务，以帮助其履行纳税申报义务或满足税务筹划目的，并且评估的结果不对财务报表产生直接影响，会计师事务所需遵守第290.191段的规定。

不属于公众利益实体的审计客户

290.179 在审计客户不属于公众利益实体的情况下，如果评估服务对会计师事务所将要发表意见的财务报表具有重大影响，并且评估结果涉及高度的主观性，则没有防范措施能够将自我评价威胁降低至可接受的水平。因此，会计师事务所不应当向审计客户提供这种评估服务。

属于公众利益实体的审计客户

290.180 在审计客户属于公众利益实体的情况下，如果评估结果单独或累积起来对会计师事务所将要发表意见的财务报表具有重大影响，则会计师事务所不应当向该审计客户提供这种评估服务。

税务服务

290.181 税务服务通常包括下列种类：

(a) 编制纳税申报表；

(b) 为编制会计分录计算税额；

(c) 税务筹划和其他税务咨询服务；

(d) 协助解决税务纠纷。

尽管下文针对由会计师事务所向审计客户提供的上述服务分别进行了阐述，但实务中这些活动通常是相互关联的。

290.182 提供某些税务服务将产生自我评价威胁和过度推介威胁。威胁存在与否及其严重程度主要取决于下列因素：

(a) 税务机关采用的税收核定和征管系统以及会计师事务所在该过程中的角色；

(b) 税收法律法规的复杂程度以及应用时进行判断的程度；

(c) 业务的具体特征；

(d) 客户员工的税务专业水平。

编制纳税申报表

290.183 编制纳税申报表的服务包括编制信息，以协助客户履行纳税申报义务，包括计算应向适当税务机关缴纳的税额（通常采用标准化的表格)。此类服务还包括对已发生交易的纳税申报处理方法提供建议以及代表审计客户向税务机关提供所要求的附加信息和分析（包括对所采用的方法提供解释和技术支持)。编制纳税申报表的服务通常以历史信息为基础，主要按照现行的税收法规或惯例对该历史信息进行分析和列报。另外，纳税申报表须经过税务机关认为适当的审查或批准。因此，如果管理层对纳税申报表（包括作出所有重大判断）承担责任，则会计师事务所提供此类服务通常不对独立性产生威胁。

为编制会计分录计算税额

不属于公众利益实体的审计客户

290.184 基于编制会计分录的目的，为审计客户计算当期所得税或递延所得税负债（或资产），且该分录随后由会计师事务所审计，将产生自我评价威胁。威胁的严重程度取决于：

（a）税收法律法规的复杂程度以及应用时进行判断的程度；

（b）客户员工的税务专业水平；

（c）税额对于财务报表的重要性。

会计师事务所应当在必要时采取防范措施消除威胁或将其降低至可接受的水平。防范措施主要包括：

（a）由审计项目组以外的专业人员执行此类业务；

（b）如果审计项目组成员执行此类业务，由审计项目组以外拥有适当专业技能的合伙人或高级员工复核税额的计算；

（c）向外部税务专业人员咨询。

属于公众利益实体的审计客户

290.185 在审计客户属于公众利益实体的情况下，除非出现紧急情况，会计师事务所不应当计算当期所得税或递延所得税负债（或资产），以用于编制对其将要发表意见的财务报表具有重大影响的会计分录。

290.186 如果遇到紧急或极其特殊的情况，审计客户无法作出其他安排，会计师事务所可以提供本节不允许提供的以编制会计分录为目的计算当期所得税或递延所得税负债（或资产）的服务。这些情况可能包括（a）只有该会计师事务所拥有服务资源，熟悉客户的情况，能够协助客户及时计算当期所得税或递延所得税负债（或资产）；（b）如果限制会计师事务所提供这些服务，将对客户造成严重困难（例如，可能导致客户无法向监管机构提供报告）。

在上述情况下提供服务，应当满足下列所有条件：

（a）由审计项目组以外的专业人员提供此类服务；

（b）该服务只在短期内一次性提供；

（c）已就此事项与治理层讨论。

税务筹划和其他税务咨询服务

290.187 税务筹划或其他税务咨询服务有多种类型。例如，向客户提供如何节税，或如何运用新的税收法律法规的建议。

290.188 如果税务建议影响财务报表所反映的事项，可能产生自我评价威胁。威胁存在与否及其严重程度主要取决于下列因素：

（a）确定如何在财务报表中对税务建议进行处理时涉及的主观程度；

（b）税务建议的结果是否对财务报表产生重大影响；

（c）税务建议的有效性是否取决于会计处理或财务报表列报以及根据相关财务报告框架，对会计处理或列报的适当性是否存有疑问；

（d）客户员工的税务专业水平；

（e）税务建议是否具有相应的税收法律法规、其他先例或惯例作为依据；

（f）在编制财务报表前，税务处理是否得到个别裁定的支持或税务机关的认可。

例如，在提供税务筹划建议和其他税务咨询服务时，如果该建议具有税务机关或其他先例、惯例作为明确的依据，或基于在税法内会被接受的基准，通常不对会计师事务所的独立性产生威胁。

290.189 会计师事务所应当评价威胁的严重程度，并在必要时采取防范措施消除威胁或将其降低至可接受的水平。防范措施主要包括：

（a）由审计项目组以外的专业人员提供此类服务；

（b）由未参与提供此类服务的税务专业人员向审计项目组提供服务建议并复核财务报表处理方法；

（c）向外部税务专业人员咨询；

（d）得到税务机关的预先认可或建议。

290.190 如果税务建议的有效性取决于某项特定会计处理或财务报

表列报，并且同时存在下列情况：

（a）审计项目组对在相关财务报告框架下的有关会计处理和列报的适当性存有合理疑问；

（b）税务建议的结果或执行后果将对会计师事务所将要发表意见的财务报表产生重大影响；

将产生非常严重的自我评价威胁，没有防范措施能够将其降低至可接受的水平。因此，会计师事务所不应当为审计客户提供此类税务建议。

290.191 在向审计客户提供税务服务时，会计师事务所可能应审计客户的要求提供评估服务，以协助客户进行纳税申报或税务筹划。如果评估结果将对财务报表产生直接影响，则适用第290.175段至第290.180段与评估服务相关的规定。如果评估服务仅为满足税务目的，其结果对财务报表没有直接影响（即财务报表仅受有关涉税会计分录的影响），且间接影响并不重大，或者评估服务经税务机关或类似监管机构的外部审查，则通常不对独立性产生威胁。如果评估服务未经税务机关或类似监管机构审查，并且其对财务报表的影响重大，威胁存在与否及其严重程度主要取决于下列因素：

（a）评估方法是否具有明确的税收法律法规、其他先例或惯例作为依据以及评估固有的主观程度；

（b）基础数据的可靠性和范围。

会计师事务所应当评价威胁的严重程度，并在必要时采取防范措施消除威胁或将其降低至可接受的水平。防范措施主要包括：

（a）由审计项目组以外的专业人员提供该服务；

（b）由其他专业人员复核审计工作或税务服务的结果；

（c）得到税务机关的预先认可或建议。

帮助解决税务纠纷

290.192 如果会计师事务所代表审计客户解决税务纠纷，一旦税务机关通知审计客户已经拒绝接受其对某项具体问题的主张，并且税务机关或审计客户已将该问题纳入正式的法律程序。例如，采取仲裁或诉讼的形式，可能产生过度推介威胁或自我评价威胁。威胁存在与否及其严重程度主要取决于下列因素：

（a）会计师事务所是否针对引起税务纠纷的事项提供了建议；

（b）税务纠纷的结果对会计师事务所将要发表意见的财务报表产生重大影响的程度；

（c）该事项是否有明确的税收法律法规、其他先例或惯例作为依据；

（d）解决税务问题的程序是否公开；

（e）管理层在解决税务纠纷时所起的作用。

会计师事务所应当评价威胁的严重程度，并在必要时采取防范措施消除威胁或将其降低至可接受的水平。防范措施主要包括：

（a）由审计项目组以外的专业人员提供该税务服务；

（b）由其他未参与提供该税务服务的税务专业人员，向审计项目组提供服务建议并复核财务报表的处理；

（c）向外部税务专业人员咨询。

290.193 在提供税务服务时，如果会计师事务所人员在公开审理或仲裁的税务纠纷中担任审计客户的辩护人，并且所涉金额对会计师事务所将要发表意见的财务报表重大，将产生非常严重的过度推介威胁，没有防范措施能够消除威胁或将其降低至可接受的水平。因此，会计师事务所不应当为审计客户提供此类服务。“仲裁或诉讼”的概念应当根据特定司法管辖区税务诉讼的听证方式而定。

290.194 在公开审理或仲裁期间，会计师事务所可以继续为审计客户提供有关法庭裁决事项的咨询（例如，对索取信息的具体要求作出回应、就所执行的工作提供背景材料或证词、帮助客户分析税务问题）。

内部审计服务

一般规定

290.195 内部审计的目标和工作范围因被审计单位的规模、组织结构、管理层和治理层需求的不同而存在很大差异。内部审计活动可能包括：

（a）监督内部控制，包括对控制进行复核，对其运行情况进行监控，并提供改进建议；

（b）检查财务信息和经营信息，包括复核用以确认、计量、分类和列报财务信息和经营信息的方法以及对个别项目实施的专项调查。专项调查包括对交易、账户余额和程序的细节测试；

（c）评价被审计单位的经营活动，包括非财务活动的经济性、效率和效果；

（d）评价对法律法规、其他外部要求以及管理层政策、指令和其他内部规定的遵守情况。

290.196 内部审计服务包括协助审计客户开展内部审计活动。如果会计师事务所在随后执行外部审计时利用内部审计的工作，则向审计客户提供内部审计服务将对独立性产生自我评价威胁。执行审计客户大部分的内部审计工作，会增加提供该服务人员承担管理层职责的可能性。如果会计师事务所人员在向审计客户提供内部审计服务时承担管理层职责，将产生非常严重的威胁，没有防范措施能够将其降低至可接受的水平。因此，会计师事务所人员在向审计客户提供内部审计服务时不应当承担管理层职责。

290.197 涉及承担管理层职责的内部审计服务主要包括：

（a）制定内部审计政策或内部审计活动的战略方针；

（b）指导该客户内部审计员工的工作并对其负责；

（c）决定应执行来源于内部审计活动的哪些建议；

（d）代表管理层向治理层报告内部审计活动的结果；

（e）执行构成内部控制组成部分的程序，如复核并批准对员工数据访问权限的更改；

（f）负责设计、执行和维护内部控制；

（g）提供内部审计外包服务，包括全部内部审计外包和重要内部审计外包服务，并由会计师事务所负责确定内部审计工作的范围、且可能对上述第（a）至（f）项提及的事项负责。

290.198 为避免承担管理层职责，只有在同时满足下列条件时，会计师事务所才能为审计客户提供内部审计服务：

（a）客户承担设计、执行和维护内部控制的责任，并指定合适的、具有胜任能力的员工（最好是高级管理人员），始终负责内部审计活动；

（b）客户管理层或治理层复核、评估并批准内部审计服务的工作范围、风险和频率；

（c）客户管理层评价内部审计服务的适当性以及执行内部审计发现的事项；

（d）客户管理层评价并确定实施哪些内部审计服务提出的建议，并对实施过程进行管理；

（e）客户管理层向治理层报告内部审计服务中发现的重大问题和提出的建议。

290.199 如果会计师事务所利用内部审计工作，国际审计准则要求执行相应的程序，以评价内部审计工作的适当性。如果会计师事务所向审计客户提供内部审计服务，并且在执行财务报表审计中使用该服务的结果，可能导致审计项目组不能恰当评价内部审计工作，或在评价时不能保持应有的职业怀疑态度，这将产生自我评价威胁。威胁的严重程度取决于下列因素：

（a）相关财务报表金额的重要性；

（b）与这些财务报表金额相关的认定层次的错报风险；

（c）对内部审计服务的依赖程度。

会计师事务所应当评价威胁的严重程度，并在必要时采取防范措施消除威胁或将其降低至可接受的水平。采取的防范措施主要包括由审计项目组以外的专业人员提供该内部审计服务等。

属于公众利益实体的审计客户

290.200 在审计客户属于公众利益实体的情况下，会计师事务所不应当提供与下列方面有关的内部审计服务：

（a）财务报告内部控制的重要组成部分；

（b）产生的信息单独或累积起来对客户的会计记录或会计师事务所将要发表意见的财务报表重大的财务会计系统；

（c）单独或累积起来对会计师事务所将要发表意见的财务报表具有重大影响的金额或披露。

信息技术系统服务

一般规定

290.201 与信息技术系统有关的服务包括硬件或软件系统的设计或操作。信息技术系统可用于积累原始数据、构成与财务报告相关的内部控制的组成部分，或生成影响会计记录或财务报表的信息，信息技术系统也可能与审计客户的会计记录、财务报告内部控制和财务报表无关。会计师事务所提供信息技术系统服务是否产生自我评价威胁取决于服务和信息技术系统的性质。

290.202 如果会计师事务所人员不承担管理层职责，则提供下列信息技术系统服务不被视为对独立性产生威胁：

（a）设计或操作与财务报告内部控制无关的信息技术系统；

（b）设计或操作信息技术系统，其生成的信息不构成会计记录或财务报表的重要组成部分；

（c）操作并非由会计师事务所开发的现成的会计或财务信息报告软件（如果无需对软件进行较大改动就能适应客户的需求）；

（d）对由其他服务提供商或审计客户自行设计、实施或操作的系统进行评价和提出建议。

不属于公众利益实体的审计客户

290.203 向不属于公众利益实体的审计客户提供有关信息技术系统的设计或操作服务，且该信息技术系统构成财务报告内部控制的重要组成部分或生成的信息对会计记录或会计师事务所将要发表意见的财务报表影响重大，将产生自我评价威胁。

290.204 除非采取适当的防范措施以确保同时满足下列条件，否则产生的自我评价威胁过于严重，会计师事务所不能提供此类服务：

（a）审计客户认可自己对建立和监督内部控制的责任；

（b）审计客户指定具有胜任能力的员工，最好是高级管理人员，负责作出有关硬件或软件系统设计和操作的所有管理决策；

（c）审计客户作出与系统设计和操作过程有关的所有管理决策；

（d）审计客户评价系统设计和操作的适当性及结果；

（e）审计客户对系统（硬件或软件）运行以及系统使用或生成的数据负责。

290.205 根据审计工作对某项特定信息技术系统的依赖程度，会计师事务所应当确定该非鉴证服务是否只能由审计项目组以外的、不同业务主管领导下的人员提供。会计师事务所应当评价剩余威胁的严重程度，并在必要时采取防范措施消除威胁或将其降低至可接受的水平。可采取的防范措施包括由其他职业会计师复核已执行的审计或非鉴证工作等。

属于公众利益实体的审计客户

290.206 在审计客户属于公众利益实体的情况下，如果信息技术系统构成财务报告内部控制的重要组成部分，或生成的信息对会计记录或会计师事务所将要发表意见的财务报表影响重大，则会计师事务所不应当提供与设计或操作信息技术系统相关的服务。

诉讼支持服务

290.207 诉讼支持服务可能包括诸如担任专家证人、计算诉讼或其他法律纠纷涉及的估计损失或其他应收、应付的金额以及在纠纷或诉讼中协助管理和检索文件等活动。这些服务可能产生自我评价威胁或过度推介威胁。

290.208 如果向审计客户提供诉讼支持服务涉及对损失或其他金额的估计，并且这些损失或其他金额影响会计师事务所将要发表意见的财务报表，会计师事务所应当遵守第290.175段至第290.180段关于评估服务的规定。对于其他诉讼支持服务，会计师事务所应当评价所产生威胁的严重程度，并在必要时采取防范措施消除威胁或将其降低至可接受的水平。

法律服务

290.209 本节中所谓的法律服务，通常是指仅限于那些已取得服务提供地司法管辖区执行法律业务的相关执照或资格，或已通过执行法律业务所要求的培训的人员才能提供的服务。根据司法管辖区的不同，这些法律服务可能是广泛多样的，包括向客户提供公司事务和商业性服务，例如为起草合同、诉讼、并购提供法律意见和支持以及向客户内部的法律部门提供帮助。向审计客户提供法律服务可能产生自我评价威胁和过度推介威胁。

290.210 会计师事务所在审计客户执行某项交易时向其提供法律服务（例如，合同起草、法律咨询、尽职调查和重组服务）可能产生自我评价威胁。威胁存在与否及其严重程度主要取决于下列因素：

（a）服务的性质；

（b）服务是否由审计项目组成员提供；

（c）与财务报表有关事项的重要性。

会计师事务所应当评价所产生威胁的严重程度，并在必要时采取防范措施消除威胁或将其降低至可接受的水平。防范措施主要包括：

（a）由审计项目组以外的专业人员提供该服务；

（b）由未参与提供法律服务的专业人员向审计项目组提出建议，并复核会计处理。

290.211 在审计客户解决纠纷或法律诉讼时，如果会计师事务所人员担任辩护人，并且纠纷或法律诉讼所涉金额对会计师事务所将要发表意见的财务报表有重大影响，将产生非常严重的过度推介威胁和自我评价威胁，没有防范措施能够将其降低至可接受的水平。因此，会计师事务所不应当为审计客户提供此类服务。

290.212 在审计客户解决纠纷或应对法律诉讼时，如果会计师事务所人员担任辩护人，并且纠纷或法律诉讼所涉金额对会计师事务所将要发表意见的财务报表无重大影响，则应当评价由此产生的过度推介威胁和自我评价威胁的严重程度，并在必要时采取防范措施消除威胁或将其降低至可接受的水平。防范措施主要包括：

（a）由审计项目组以外的专业人员提供该服务；

（b）由未参与提供法律服务的专业人员向审计项目组提出建议，并复核会计处理。

290.213 会计师事务所的合伙人或员工担任审计客户的首席法律顾问，将产生非常严重的自我评价威胁和过度推介威胁，没有防范措施能够将其降低至可接受的水平。首席法律顾问通常是一个高级管理职位，对公司法律事务承担广泛责任，因此，会计师事务所员工不应当为审计客户提供担任首席法律顾问的服务。

招聘服务

一般规定

290.214 会计师事务所为审计客户提供人员招聘服务，可能产生自身利益威胁、密切关系威胁或外在压力威胁。威胁存在与否及其严重程度主要取决于下列因素：

（a）要求提供协助的性质；

（b）拟招聘人员的职位。

会计师事务所应当评价威胁的严重程度，并在必要时采取防范措施消除威胁或将其降低至可接受的水平。任何情况下，会计师事务所都不应当承担管理层职责（包括代表客户与应聘者进行谈判），聘用决策应当由客户负责作出。

会计师事务所通常可以提供诸如审查申请者的专业资格并对其是否适合相关职位提出咨询意见的服务。另外，会计师事务所可以对候选人进行面试并对候选人在财务会计、行政管理或内部控制等职位上的胜任能力提出咨询意见。

属于公众利益实体的审计客户

290.215 如果属于公众利益实体的审计客户拟招聘董事、高级管理人员，或所处职位能够对客户会计记录或会计师事务所将要发表意见的财务报表施加重大影响的高级管理人员，会计师事务所不应当为其提供下列招聘服务：

（a）寻找候选人，或从候选人中挑选出适合相应职位的人员；

（b）对可能录用的候选人的证明文件进行核查。

公司财务服务

290.216 提供公司财务服务，如：

（a）协助审计客户制定公司战略；

（b）为审计客户并购识别可能的目标；

（c）对资产处置交易提供建议；

（d）协助实施融资交易；

（e）对合理安排资本结构提供建议；

可能产生自我评价威胁或过度推介威胁。会计师事务所应当评价威胁的严重程度，并在必要时采取防范措施消除威胁或将其降低至可接受的水平。防范措施主要包括：

（a）由审计项目组以外的专业人员提供该服务；

（b）由未参与提供公司财务服务的专业人员向审计项目组提出有关该服务的咨询建议，并复核会计处理。

290.217 会计师事务所提供公司财务服务，可能产生自我评价威胁。例如，对资本结构或融资的安排提出建议，将直接影响在会计师事务所将要发表意见的财务报表中报告的金额，威胁存在与否及其严重程度主要取决于下列因素：

（a）在确定如何恰当处理财务建议对财务报表的影响时，涉及的主观程度；

（b）财务建议的结果对在财务报表中记录金额的直接影响程度以及记录的金额对财务报表整体影响的重大程度；

（c）财务建议的有效性是否取决于某一特定会计处理或财务报表列报，并且根据相关财务报告框架，对该会计处理或列报的适当性是否存有疑问。

会计师事务所应当评价威胁的严重程度，并在必要时采取防范措施消除威胁或将其降低至可接受的水平。防范措施主要包括：

（a）由审计项目组以外的专业人员提供该服务；

（b）由未参与提供公司财务服务的专业人员向审计项目组提出有关服务的建议并复核会计处理。

290.218 如果公司财务建议的有效性取决于某一特定会计处理或财务报表列报，并且同时存在下列情形，将产生非常严重的自我评价威胁：

（a）根据相关财务报告框架，审计项目组对有关会计处理或列报的适当性存有合理疑问；

（b）公司财务建议的结果将对会计师事务所将要发表意见的财务报表产生重大影响。

在上述情况下，没有防范措施能够将威胁降低至可接受的水平，会计师事务所不应当提供此类公司财务服务。

290.219 提供涉及推荐、交易或承销审计客户股票的公司财务服务，将产生非常严重的过度推介威胁或自我评价威胁，没有防范措施能够将其降低至可接受的水平。因此，会计师事务所不应当向审计客户提供此类服务。

收　费

收费结构

290.220 如果发表审计意见的会计师事务所从某一审计客户收取的全部费用占其收费总额的比重很大，则对该客户的依赖及对可能失去该客户的担心将产生自身利益威胁或外在压力威胁。威胁的严重程度主要取决于下列因素：

（a）会计师事务所的经营结构；

（b）会计师事务所是发展成熟的还是新建的事务所；

（c）该客户在性质和/或数量上对于会计师事务所的重要程度。

会计师事务所应当评价威胁的严重程度，并在必要时采取防范措施消除威胁或将其降低至可接受的水平。防范措施主要包括：

（a）降低对该客户的依赖程度；

（b）实施外部质量控制复核；

（c）就关键的审计判断向第三方咨询，例如向行业监管机构或其他会计师事务所咨询。

290.221 如果从某一审计客户收取的全部费用占某一合伙人从所有客户收取的费用总额比重很大，或占会计师事务所某一分部收取的费用总额比重很大，也将产生自身利益威胁或外在压力威胁。威胁的严重程度取决于下列因素：

（a）该客户在性质和/或数量上对该合伙人或分部是否重要；

（b）该合伙人或该分部内所有合伙人的报酬对来源于该客户的收费的依赖程度。

会计师事务所应当评价威胁的严重程度，并在必要时采取防范措施消除威胁或将其降低至可接受的水平。防范措施主要包括：

（a）降低对该审计客户的依赖程度；

（b）由其他职业会计师复核已执行的审计工作或在必要时提供建议；

（c）定期实施独立的内部或外部质量控制复核。

属于公众利益实体的审计客户

290.222 如果会计师事务所连续两年从某一属于公众利益实体的审计客户及其关联实体（参见第290.27段规定的考虑事项）收取的全部费用，占其从所有客户收取的全部费用的比重超过15%，会计师事务所应当向审计客户治理层披露这一事实，并讨论选择下列何种防范措施，以将威胁降低至可接受的水平：

（a）在对第二年度财务报表发表审计意见之前，由其他职业会计师实施项目质量控制复核，或由行业监管机构实施相当于项目质量控制复核的复核（即发表审计意见前复核）；

（b）在对第二年度财务报表发表审计意见之后、对第三年度财务报表发表审计意见之前，由其他职业会计师对第二年度的审计工作实施项目质量控制复核，或由行业监管机构对第二年度的审计工作实施相当于项目质量控制复核的复核（即发表审计意见后复核）。

在上述收费比例明显超过 15% 的情况下，会计师事务所应当确定威胁的严重程度是否使得发表审计意见后复核无法将该威胁降低至可接收的水平，并因而需要执行发表审计意见前复核。在这种情况下，应当执行发表审计意见前复核。

此后，如果收费比例继续超过 15%，会计师事务所应当每年向治理层披露和讨论这一事实，并选择采取上述其中一种防范措施。在收费比例明显超过 15% 的情况下，会计师事务所应当确定威胁的严重程度是否使得发表审计意见后复核无法将该威胁降低至可接收的水平，并因而需要执行发表审计意见前复核。在这种情况下，应当采用发表审计意见前复核。

逾期收费

290.223 如果审计客户长期未支付应付的审计费用，尤其是相当部分的审计费用在出具下一年度审计报告前仍未支付，可能产生自身利益威胁。会计师事务所通常要求审计客户在审计报告出具前付清上一年度的审计费用。如果在审计报告出具后审计客户仍未支付该费用，会计师事务所应当评价威胁存在与否及其严重程度，并在必要时采取防范措施消除威胁或将其降低至可接受的水平。可采取的防范措施包括由未参与执行审计业务的其他职业会计师提供建议，或复核已执行的工作等。会计师事务所还应当确定逾期收费是否可能被视同向客户贷款，并且基于逾期收费的重要程度确定会计师事务所是否再次接受委托或继续执行审计业务。

或有收费

290.224 或有收费是指收费与否或收费多少取决于交易的结果或会计师事务所执行工作的结果。在本节中，如果一项收费是由法院或其他公共机构规定的，则不被视为或有收费。

290.225 会计师事务所在提供审计服务时，以直接或间接形式（例如通过中介机构）收取或有收费，将产生非常严重的自身利益威胁，没有防范措施能够将其降低至可接受的水平。因此，会计师事务所不应当采用这种收费安排。

290.226 会计师事务所在向审计客户提供非鉴证服务时，如果非鉴证服务以直接或间接形式（例如通过中介机构）取得或有收费，也可能产生自身利益威胁。如果出现下列情况之一，该威胁将非常严重，没有防范措施能够将其降低至可接受的水平：

（a）非鉴证服务的或有收费是由对财务报表发表意见的会计师事务所取得，并且对该会计师事务所影响重大或预期影响重大；

（b）网络事务所参与大部分审计工作，非鉴证服务的或有收费由该网络事务所取得，并且对其影响重大或预期影响重大；

（c）非鉴证服务的结果以及由此收取的费用金额，取决于未来或当期与财务报表重大金额审计相关的判断。

因此，会计师事务所不应当接受这种收费安排。

290.227 在向审计客户提供非鉴证服务时，如果会计师事务所采用其他形式的或有收费安排，威胁存在与否及其严重程度主要取决于下列因素：

（a）可能的收费金额区间；

（b）是否由适当的权威方确定有关事项的结果，并且该结果作为或有收费的基础；

（c）非鉴证服务的性质；

（d）事项或交易对财务报表的影响。

会计师事务所应当评价威胁的严重程度，并在必要时采取防范措施消除威胁或将其降低至可接受的水平。防范措施主要包括：

（a）由其他职业会计师复核相关审计工作，或在必要时提供建议；

（b）由审计项目组以外的专业人员提供非鉴证服务。

薪酬和业绩评价政策

290.228 如果某一审计项目组成员的薪酬或业绩评价与其向审计客户推销的非鉴证服务挂钩，将产生自身利益威胁。威胁的严重程度取决于下列因素：

（a）推销非鉴证服务的因素在该成员薪酬或业绩评价中的比重；

（b）该成员在审计项目组中的角色；

（c）推销非鉴证服务的业绩是否影响该成员的晋升。

会计师事务所应当评价威胁的严重程度。如果威胁超出可接受的水平，会计师事务所应当修改该成员的薪酬计划或业绩评价程序，或者采取其他防范措施消除威胁或将其降低至可接受的水平。防范措施主要包括：

（a）将该成员调离审计项目组；

（b）由其他职业会计师复核该审计项目组成员已执行的工作。

290.229 关键审计合伙人的薪酬和业绩评价不应当与其向审计客户推销的非鉴证服务直接挂钩。这并不意味着禁止会计师事务所合伙人之间正常的利润分享安排。

礼品和款待

290.230 会计师事务所或审计项目组成员接受审计客户的礼品或款待可能产生自身利益威胁和密切关系威胁。如果会计师事务所或审计项目组成员接受礼品或款待，除非价值微小且无关紧要，否则将产生非常严重的威胁，导致没有防范措施能够将其降低至可接受的水平。因此，会计师事务所或审计项目组成员不应当接受这种礼品或款待。

诉讼或诉讼威胁

290.231 如果会计师事务所或审计项目组成员与审计客户发生诉讼或很可能发生诉讼，将产生自身利益威胁和外在压力威胁。客户管理层和审计项目组成员之间必须完全坦诚，并充分披露与客户商业经营有关的所有信息。如果会计师事务所和客户管理层由于诉讼或诉讼威胁而处于对立地位，将影响管理层充分提供信息的意愿，从而产生自身利益威胁和外在压力威胁。威胁的严重程度主要取决于下列因素：

（a）诉讼的重要性；

（b）诉讼是否与前期审计业务相关。

会计师事务所应当评价威胁的严重程度，并在必要时采取防范措施消除威胁或将其降低至可接受的水平。防范措施主要包括：

（a）如果诉讼涉及某一审计项目组成员，将该成员调离审计项目组；

（b）由其他专业人员复核已执行的工作。

如果此类防范措施不能将威胁降低至可接受的水平，会计师事务所只能拒绝接受审计业务委托或解除审计业务约定。

第290.232段至第290.499段特意留空。

含有使用和分发限制条款的报告

引言

290.500 第290节规定的独立性要求适用于所有审计业务。然而，在特定情况下，如果审计业务的审计报告含有使用和分发的限制条款，并假定满足第290.501段至第290.502段的规定，本节的独立性要求可以根据第290.505段至第290.514段的规定作出变通。这些段落仅适用于下列特殊目的的财务报表审计：

（a）该特殊目的的财务报表审计旨在以积极或消极方式就财务报表是否在所有重大方面按照适用的财务报告框架编制发表审计意见，包括在公允列报框架下，财务报表是否在所有重大方面按照适用的财务报告框架真实公允地反映或公允列报；

（b）审计报告中含有对其使用和分发进行限制的条款。

会计师事务所执行法定财务报表审计业务，不应当变通独立性要求。

290. 501 如果报告的预期使用者（a）已经了解报告目的以及报告的使用和分发限制，并且（b）明确同意变通独立性要求，则可以变通第290节的要求。预期使用者可以通过直接参与或由其授权代表参与确定会计师事务所提供服务的性质和范围，了解报告的目的及报告的使用和分发限制。这种参与可以加强会计师事务所与预期使用者就独立性事项（包括与评价对独立性的威胁以及可将威胁消除或降低至可接受的水平的适当措施相关的情形）进行沟通，并获取预期使用者对变通独立性要求的认可。

290. 502 会计师事务所应当就审计业务适用的独立性要求与预期使用者沟通（例如，在审计业务约定书中载明）。如果在确定业务约定条款时并未特别明确预期使用者（例如，财团放款安排的贷款人），会计师事务所应当随后通过预期使用者的代表（例如，通过与会计师事务所签订适用于所有使用者的业务约定书的代表）告知该预期使用者适用的独立性要求。

290. 503 如果会计师事务所对同一审计客户既出具含有使用和分发限制条款的审计报告，又出具未含有使用和分发限制条款的审计报告，则对未加限制的审计报告业务，第290. 500段至第290. 514段的规定并不能改变在该审计业务中执行第290. 1段至第290. 232段规定的要求。

290. 504 第290. 505段至第290. 514段规定了上述情形中允许对第290节所规定的独立性要求作出的变通。本守则要求职业会计师遵守第290节所有其他方面的规定。

公众利益实体

290. 505 如果出现第290. 500段至第290. 502段列举的情形，会计师事务所可以不执行第290. 100段至第290. 232段关于公众利益实体的特别规定。

关联实体

290. 506 如果出现第290. 500段至第290. 502段列举的情形，所提及的审计客户不包括其关联实体。然而，如果审计项目组知悉或有理由相信涉及客户某一关联实体的情形或关系与评价会计师事务所与客户的独立性相关，则审计项目组在识别和评价对独立性的威胁以及采取适当防范措施时，应当将该关联实体一并考虑。

网络与网络事务所

290.507 如果出现第290.500段至第290.502段列举的情形，所提及的会计师事务所不包括网络事务所。但如果会计师事务所知悉或有理由相信，某一网络事务所的利益或关系产生威胁，会计师事务所在评价对独立性的威胁时，应当将该网络事务所一并考虑。

经济利益、贷款和担保、密切的商业关系以及家庭和私人关系

290.508 如果出现第290.500段至第290.502段列举的情形，第290.102段至第290.145段的相关规定仅适用于项目组成员、其直系亲属和近亲属。

290.509 另外，会计师事务所应当按照第290.102段至第290.145段的规定，确定审计客户与审计项目组下列成员之间的利益和关系是否对独立性产生威胁：

（a）对技术或行业具体问题、交易或事项等提供咨询的人员；

（b）提供项目质量控制的人员，包括执行项目质量控制复核的人员。

如果项目组有理由相信，审计客户与会计师事务所其他人员之间存在利益和关系，会计师事务所应当评价所产生威胁的严重程度。其他人员通常是可以直接影响审计业务结果的人员，即对审计项目合伙人提出薪酬建议以及对其直接指导、管理或监督的人员（包括项目合伙人以上，直至会计师事务所高级或管理合伙人（首席执行官或同等职位）之间的各级别人员）。

290.510 如果项目组有理由相信，第290.108段至第290.111段以及第290.113段至第290.115段提及的人员在审计客户中拥有的经济利益将对独立性产生威胁，会计师事务所应当评价威胁的严重程度。

290.511 如果对独立性的威胁超出可接受的水平，会计师事务所应当采取防范措施消除威胁或将其降低至可接受的水平。

290.512 在运用第 290.106 段和第 290.115 段有关会计师事务所经济利益的规定时，如果会计师事务所在审计客户中拥有重大经济利益，无论是直接还是间接的，都将产生非常严重的自身利益威胁，没有防范措施能够将其降低至可接受的水平。因此，会计师事务所不应当拥有这种经济利益。

与审计客户发生雇佣关系

290.513 职业会计师应当评价第 290.134 段至第 290.138 段所述的因雇佣关系产生威胁的严重程度。如果威胁超出可接受的水平，职业会计师应当采取防范措施消除威胁或将其降低至可接受的水平。适当的防范措施参见第 290.136 段列示的措施。

提供非鉴证服务

290.514 如果会计师事务所接受委托为审计客户出具含有使用和分发限制条款的报告，并同时向该审计客户提供非鉴证服务，则应当遵守第 290.156 段至第 290.232 段的规定，第 290.504 段至第 290.507 段另有规定的除外。

第 291 节

其他鉴证业务的独立性

段落

本节的结构

291.1 本节规定审计和审阅业务以外的其他鉴证业务对独立性的要求。审计和审阅业务的独立性要求在第 290 节作出规定。如果鉴证客户同时又是审计或审阅客户，则第 290 节的规定也适用于会计师事务所、网络事务所以及审计或审阅项目组成员。在某些情况下，鉴证业务中鉴证报告的使用和分发存在限制条款，如果满足特定条件，本节中的独立性要求可以根据第 291.21 段至第 291.27 段的规定作出变通。

291.2 鉴证业务旨在增强预期使用者对按照标准对鉴证对象进行评价或计量的结果的信任程度。国际审计与鉴证准则理事会发布的国际鉴证业务框架（鉴证框架）描述了鉴证业务的目标和要素，确定了国际鉴证业务准则所适用的鉴证业务范围。关于鉴证业务目标和要素的描述，参见鉴证框架中的内容。

291.3 客观和公正原则要求与鉴证客户保持独立。在鉴证业务中，为符合公共利益，本守则要求鉴证业务项目组成员和会计师事务所独立于鉴证客户，并评价会计师事务所有理由相信的，可能因网络事务所的利益和关系产生的威胁。此外，如果鉴证业务项目组知悉或有理由相信，涉及鉴证客户某一关联实体的情形与评价会计师事务所与客户的独立性有关，则在识别和评价对独立性的威胁以及采取适当防范措施时，应当将该关联实体包括在内。

独立性概念框架

291.4 本节的目标是帮助会计师事务所和鉴证业务项目组成员运用下文所述的概念框架以达到和保持独立性。

291.5 独立性包括：

（a）实质上的独立性。实质上的独立性是一种内心状态，使得执业的职业会计师在提出结论时不受损害职业判断的因素影响，因而能够诚信行事，遵循客观和公正原则，保持职业怀疑态度。

(b) 形式上的独立性。形式上的独立性是指避免出现重大的事实和情况，使得一个理性且掌握充分信息的第三方，在权衡所有相关事实和情况后，很可能认为会计师事务所或鉴证业务项目组成员的诚信原则、客观和公正原则或职业怀疑态度已受到损害。

291.6 职业会计师应当运用概念框架，以：

(a) 识别对独立性的威胁；

(b) 评价所识别威胁的严重程度；

(c) 必要时采取防范措施消除威胁或将其降低至可接受的水平。

如果无法采取适当的防范措施或所采取的防范措施不能消除威胁或将其降低至可接受的水平，职业会计师应当消除产生威胁的情形或关系，或者拒绝接受鉴证业务委托或终止鉴证业务。

在运用独立性概念框架时，职业会计师应当运用职业判断。

291.7 评价对独立性的威胁可能与很多不同情形或情形的组合相关。界定对独立性产生威胁的所有情况，并指出应采取的适当措施是不可能的。因此，本守则建立了一套概念框架，要求会计师事务所和鉴证业务项目组成员识别、评价并应对对独立性的威胁。该概念框架有助于执业的职业会计师遵守本守则规定的道德要求，适用于对独立性产生威胁的各种不同情形，并可以防止职业会计师认为未明确禁止的情形就是允许的。

291.8 第 291.100 段及以后的段落介绍了独立性概念框架是如何应用的。这些段落并未涵盖所有可能遇到的、对独立性产生或可能产生威胁的情形和关系。

291.9 在确定是否接受或保持某项业务，或某一特定人员能否作为鉴证业务项目组成员时，会计师事务所应当识别和评价各种对独立性的威胁。如果威胁超出可接受的水平，在确定是否接受某项业务或某一特定人员能否作为鉴证业务项目组成员时，会计师事务所应当确定能否采取防范措施以消除威胁或将其降低至可接受的水平。在确定是否保持某项业务时，会计师事务所应当确定现有的防范措施对于消除这些威胁或将其降低至可接受的水平是否仍然有效，或者是否需要采取其他防范措施，或者终止业务。在执行业务过程中，如果注意到任何有关对独立性产生威胁的新情况，会计师事务所都应当运用概念框架评价威胁的严重程度。

291.10 本节通篇提到对独立性威胁的严重程度。在评价威胁的严重程度时，应当从性质和数量两个方面予以考虑。

291.11 在大多数情况下，本节不对会计师事务所内部人员的个人独立性责任作出规定，因为这些责任可能因会计师事务所的规模、结构和组织形式而不同。根据国际质量控制准则的要求，会计师事务所应当制定政策和程序，以合理保证其已按照相关道德规范的要求保持独立性。

鉴证业务

291.12 根据鉴证框架的进一步解释，在鉴证业务中，执业的职业会计师发表鉴证结论，以增强除责任方之外的预期使用者对按照标准对鉴证对象进行评价和计量的结果的信任程度。

291.13 对鉴证对象的评价或计量结果是指对鉴证对象运用标准而得出的信息。“鉴证对象信息”一词就是指对鉴证对象进行评价或计量的结果。例如，根据鉴证框架的表述，将一种评价内部控制有效性的框架，如 COSO① 或 CoCo②（标准），运用于内部控制过程（鉴证对象）所得出的关于内部控制有效性（鉴证对象信息）的认定。

291.14 鉴证业务可以分为基于责任方认定的业务和直接报告业务。无论哪种类型的鉴证业务，都包括独立的三方：即执业的职业会计师、责任方和预期使用者。

291.15 在基于责任方认定的鉴证业务中，责任方对鉴证对象进行

---

① 指 COSO 委员会（The Committee of Sponsoring Organizations of the Treadway Commission）的《内部控制整合框架》。

② 指加拿大特许会计师协会控制标准委员会的《评估控制指南——CoCo 原则》（Guidance on Assessing Control——The CoCo Principles）。

评价或计量，鉴证对象信息以责任方认定的形式为预期使用者获取。

291.16 在直接报告业务中，执业的职业会计师直接对鉴证对象进行评价或计量，或从责任方获取对鉴证对象进行评价或计量的声明，而该声明无法为预期使用者获取。预期使用者只能通过阅读鉴证报告获取鉴证对象信息。

基于责任方认定的业务

291.17 在基于责任方认定的业务中，鉴证业务项目组成员和会计师事务所应当与鉴证客户（对鉴证对象信息负责，并且可能对鉴证对象负责的一方）保持独立。根据这种独立性要求，鉴证业务项目组成员不得与（a）客户的董事、高级管理人员，或（b）客户中能够对鉴证对象信息施加重大影响的员工存在某些特定关系。此外，还应当确定鉴证业务项目组成员与客户中能够对鉴证对象施加重大影响的人员之间存在的关系是否对独立性产生威胁。会计师事务所还应当评价其有理由相信的、因网络事务所[①]的利益和关系而产生的所有威胁的严重程度。

291.18 在大多数基于责任方认定的业务中，责任方需要同时对鉴证对象信息和鉴证对象负责。然而，在某些业务中，责任方无需对鉴证对象负责。例如，当执业的职业会计师就环境咨询师对某公司的可持续性签发的报告执行鉴证业务，以分发给预期使用者时，该环境咨询师是鉴证对象信息的责任方，而对鉴证对象（可持续性）负责的则是该公司。

291.19 在基于责任方认定的业务中，如果责任方对鉴证对象信息负责而不对鉴证对象负责，鉴证业务项目组成员和会计师事务所应当与对鉴证对象信息负责的责任方（鉴证客户）保持独立。此外，会计师事务所还应当评价其有理由相信的、因鉴证业务项目组成员、会计师事务所、网络事务所与鉴证对象的责任方之间存在的利益和关系产生的所有威胁的严重程度。

---

① 关于网络事务所的构成，请参见第 290.13 至第 290.24 段的内容。

直接报告业务

291.20 在直接报告业务中，鉴证业务项目组成员和会计师事务所应当与鉴证客户（对鉴证对象负责的责任方）保持独立。会计师事务所还应当评价其有理由相信的，由网络事务所的利益和关系而产生的威胁的严重程度。

含有使用和分发限制条款的报告

291.21 在特定情况下，如果鉴证报告中包含使用和分发的限制条款，并假定满足本段和第291.22段规定的条件，本节的独立性要求可以作出变通。如果报告的预期使用者（a）已经了解报告目的、鉴证对象信息以及报告的使用和分发限制，并且（b）明确同意变通独立性要求，则可以变通第291节的要求。预期使用者可以通过直接参与或由其授权代表参与确定会计师事务所提供服务的性质和范围，了解报告的目的以及报告的使用和分发限制。这种参与可以加强会计师事务所与预期使用者就独立性事项（包括与评价对独立性的威胁以及可将威胁消除或降低至可接受的水平的适当措施相关的情形）进行沟通，并获取预期使用者对变通独立性要求的认可。

291.22 会计师事务所应当就鉴证业务适用的独立性要求与预期使用者沟通（例如，在业务约定书中载明）。如果在确定业务约定条款时并未特别明确预期使用者（例如，财团放款安排的贷款人），会计师事务所应当随后通过预期使用者的代表（例如，通过与会计师事务所签订适用于所有使用者的业务约定书的代表）告知该预期使用者适用的独立性要求。

291.23 如果会计师事务所对同一客户既出具含有使用和分发限制条款的鉴证报告，又出具未含有使用和分发限制条款的鉴证报告，则对未加限制的鉴证报告业务，第291.25段至第291.27段的规定并不能改变在该鉴证业务中执行第291.1段至第291.159段的要求。如果会计师事务所对同一客户出具审计报告，无论是否含有使用和分发的限制条款，第 290 节的规定均适用于该审计业务。

291.24 第 291.25 段至第 291.27 段规定了上述情形中允许对第 291 节所规定的独立性要求作出的变通。本守则要求职业会计师遵守第 291 节所有其他方面的规定。

291.25 如果出现第 291.21 段和第 291.22 段列举的情形，则第 291.104 段至第 291.134 段中的相关规定适用于所有鉴证业务项目组成员、其直系亲属和近亲属。此外，会计师事务所还应当确定鉴证客户与鉴证业务项目组下列成员之间的利益和关系是否对独立性产生威胁：

（a）对技术或行业具体问题、交易或事项等提供咨询的人员；

（b）提供项目质量控制的人员，包括执行项目质量控制复核的人员。

如果鉴证业务项目组有理由相信，鉴证客户与会计师事务所中可以直接影响鉴证业务结果的其他人员之间存在利益和关系，则会计师事务所应当评价对独立性产生威胁的严重程度。其他人员通常是对鉴证业务项目合伙人提出薪酬建议以及对其直接指导、管理或监督的人员。

291.26 即使出现第 291.21 段至第 291.22 段列举的情形，如果会计师事务所在鉴证客户中拥有重大经济利益，无论是直接还是间接的，都将产生非常严重的自身利益威胁，没有防范措施能够将其降低至可接受的水平。因此，会计师事务所不应当拥有此类经济利益。此外，会计师事务所还应当遵守第 291.113 段至第 291.159 段的其他相关规定。

291.27 会计师事务所还应当评价其有理由相信的、因网络事务所的利益和关系产生的威胁的严重程度。

多个责任方

291.28 某些鉴证业务，包括基于责任方认定的业务和直接报告业务，可能存在多个责任方。在这种情况下，在确定是否有必要将本节的规定应用于每个责任方时，会计师事务所应当根据鉴证对象信息的具体情况，评价会计师事务所或鉴证业务项目组成员与特定责任方之间的利益和关系对独立性产生的威胁是否微小且无关紧要。会计师事务所应当主要考虑下列因素：

（a）由特定责任方负责的鉴证对象信息（或鉴证对象）的重要性；

（b）鉴证业务涉及公众利益的程度。

如果确定与特定责任方之间的利益或关系对独立性产生的威胁微小且无关紧要，会计师事务所不必将本节的所有规定应用于该责任方。

工作记录

291.29 工作记录可以提供证据，以证明职业会计师在就是否遵守独立性要求形成结论时运用的职业判断。然而，记录的缺失并非判定会计师事务所是否考虑了特定事项或是否独立的决定性因素。

职业会计师应当记录就遵守独立性要求的情况得出的结论以及为形成结论而讨论的主要内容。因此：

（a）如果需要采取防范措施将某种威胁降低至可接受的水平，职业会计师应当记录该威胁的性质以及将威胁降低至可接受的水平所采取的防范措施；

（b）如果需要对某种威胁进行大量分析才能确定是否有必要采取防范措施，而职业会计师认为由于威胁未超出可接受的水平不需要采取防范措施，职业会计师应当记录威胁的性质以及得出不需要采取防范措施结论的理由。

业务期间

291.30 执业的职业会计师应当在业务期间和鉴证对象信息涵盖的期间独立于鉴证客户。业务期间自鉴证业务项目组开始执行鉴证业务之日起，至出具鉴证报告之日止。如果鉴证业务具有连续性，业务期间结束日应以其中一方通知解除业务关系或出具最终鉴证报告两者时间孰晚为准。

291.31 如果一个实体委托会计师事务所对其鉴证对象信息发表意

见，并且在该鉴证对象信息涵盖的期间或之后成为鉴证客户，会计师事务所应当确定下列因素是否对独立性产生威胁：

（a）在鉴证对象信息涵盖的期间之内或之后、接受鉴证业务委托之前，与鉴证客户之间存在的经济或商业关系；

（b）以往向鉴证客户提供的服务。

291.32 如果在鉴证对象信息涵盖的期间或之后，在鉴证业务项目组开始执行鉴证服务之前，会计师事务所向鉴证客户提供了非鉴证服务，并且该非鉴证服务在鉴证业务期间不允许提供，会计师事务所应当评价提供的非鉴证服务对独立性产生的威胁。如果威胁超出可接受的水平，会计师事务所只有在采取防范措施消除威胁或将其降低至可接受的水平的情况下，才能接受鉴证业务。防范措施主要包括：

（a）不允许提供非鉴证服务的人员担任鉴证业务项目组成员；

（b）必要时由其他职业会计师复核鉴证和非鉴证工作；

（c）由其他会计师事务所评价非鉴证服务的结果，或由其他会计师事务所重新执行非鉴证服务，并且所执行工作的范围能够使其承担责任。

如果会计师事务所尚未完成非鉴证服务，并且在鉴证业务开始前不能完成或终止该非鉴证服务，只有在满足下列条件时，会计师事务所才能接受该鉴证业务：

（a）非鉴证服务将在短期内完成；

（b）客户作出安排，拟在短期内将该非鉴证服务转给其他服务提供者。

在服务期间内，会计师事务所应当在必要时采取防范措施。此外，还应当就该事项与治理层讨论。

其他方面的考虑

291.33 无意中违反本节规定的情况可能会发生。如果会计师事务所具有维护独立性的适当质量控制政策和程序，该政策和程序与国际质量控制准则的要求相符，并且能够立即纠正发现的违规情况，并采取必要的防范措施消除威胁或将其降低至可接受的水平，则通常不被视为损害独立性。会计师事务所应当决定是否就该情况与治理层讨论。

第 291.34 段至第 291.99 段特意留空。

独立性概念框架

291.100 第 291.104 段至第 291.159 段描述了对独立性产生威胁或可能产生威胁的特定情形和关系。这些段落描述了可能产生的威胁以及可能消除威胁或将其降低至可接受的水平的适当的防范措施的类型，并识别出不能采取防范措施将威胁降低至可接受的水平的特定情形。这些段落并不涵盖对独立性产生威胁或可能产生威胁的所有情形和关系。会计师事务所和鉴证业务项目组成员应当评价相似但不同情形和关系的影响，并确定是否可以在必要时采取防范措施（包括第 200.11 段至第 200.14 段列举的防范措施）以消除对独立性的威胁或将其降低至可接受的水平。

291.101 这些段落阐述了在鉴证业务中如何应用概念框架，需要与第 291.28 段结合起来阅读，根据该段的解释，在大多数鉴证业务中，只有一个责任方，而且该责任方就是鉴证客户。然而，在某些鉴证业务中存在两个或多个责任方。在这种情况下，会计师事务所应当考虑其有理由相信的，可能由鉴证业务项目组成员、会计师事务所、网络事务所与鉴证对象的责任方之间存在的利益和关系产生的威胁。对于鉴证报告中包含使用和分发限制条款的情况，这些段落应当结合第 291.21 段至第 291.27 段阅读。

291.102 第 2005－01 号解释公告对如何将本节的独立性规定应用于鉴证业务提供了进一步的指引。

291.103 第 291.104 段至第 291.120 段涉及经济利益、贷款或担保，或商业关系的重要性。为确定这种利益对个人是否重要，可能需要将该个人及其直系亲属的净资产总额考虑在内。

经济利益

291.104 在鉴证客户中拥有经济利益，可能产生自身利益威胁。威胁存在与否及其严重程度取决于下列因素：

（a）拥有经济利益人员的角色；

（b）经济利益是直接还是间接的；

（c）经济利益的重要性。

291.105 受益人可能通过投资工具（例如，集合投资工具、不动产或信托）拥有经济利益。确定经济利益是直接还是间接的，取决于受益人能否控制投资工具或具有影响投资决策的能力。如果受益人能够控制投资工具或具有影响投资决策的能力，本守则将这种经济利益定义为直接经济利益。反之，如果受益人不能控制投资工具或不具有影响投资决策的能力，本守则将这种经济利益定义为间接经济利益。

291.106 如果鉴证业务项目组成员、其直系亲属或会计师事务所在鉴证客户中拥有直接经济利益或重大间接经济利益，将产生非常严重的自身利益威胁，没有防范措施能够将其降低至可接受的水平。因此，鉴证业务项目组成员、其直系亲属或会计师事务所不应当在鉴证客户中拥有直接经济利益或重大间接经济利益。

291.107 如果鉴证业务项目组成员知悉其某一近亲属在鉴证客户中拥有直接经济利益或重大间接经济利益，将产生自身利益威胁。威胁的严重程度主要取决于下列因素：

（a）鉴证业务项目组成员与其近亲属之间关系的性质；

（b）经济利益对该近亲属的重要性。

会计师事务所应当评价威胁的严重程度，并在必要时采取防范措施消除威胁或将其降低至可接受的水平。防范措施主要包括：

（a）由近亲属尽快处置全部经济利益，或处置全部经济利益并处置足够数量的间接经济利益，以使剩余经济利益不再重大；

（b）由其他职业会计师复核鉴证业务项目组成员已执行的工作；

（c）将该成员调离鉴证业务项目组。

291.108 当一个实体在鉴证客户中拥有控制性的权益，并且鉴证客户对该实体重要时，如果鉴证业务项目组成员、其直系亲属或会计师事务所在该实体中拥有直接经济利益或重大的间接经济利益，将产生非常严重的自身利益威胁，没有防范措施能够将其降低至可接受的水平。因此，鉴证业务项目组成员、其直系亲属或会计师事务所不应当拥有此类经济利益。

291.109 如果会计师事务所、鉴证业务项目组成员或其直系亲属作为受托管理人在鉴证客户中拥有直接经济利益或重大间接经济利益，将产生自身利益威胁。只有同时满足下列条件时，才允许拥有上述经济利益：

（a）受托管理人、其直系亲属和会计师事务所均不是受托财产的受益人；

（b）通过信托而在鉴证客户中拥有的经济利益对于该项信托业务并不重大；

（c）该项信托不能对鉴证客户施加重大影响；

（d）受托管理人、其直系亲属或会计师事务所对包含鉴证客户经济利益在内的投资决策没有重大影响。

291.110 鉴证业务项目组成员应当确定其他人员在鉴证客户中拥有已知的经济利益是否会产生自身利益威胁，这些其他人员包括：

（a）除前文所述人员以外的合伙人、专业人员或其直系亲属；

（b）与鉴证业务项目组成员存在密切私人关系的人员。

这些经济利益是否产生自身利益威胁取决于下列因素：

（a）会计师事务所的组织结构、经营模式和沟通机制；

（b）本条前款提及人员与鉴证业务项目组成员之间的关系。

职业会计师应当评价威胁的严重程度，并在必要时采取防范措施消除威胁或将其降低至可接受的水平。防范措施主要包括：

（a）将存在密切私人关系的鉴证业务项目组成员调离鉴证业务项

目组；

（b）不允许该鉴证业务项目组成员参与有关鉴证业务的任何重大决策；

（c）由其他职业会计师复核该鉴证业务项目组成员已执行的工作。

291.111 如果会计师事务所、鉴证业务项目组成员或其直系亲属从鉴证客户获得直接经济利益或重大间接经济利益（例如，通过继承、馈赠或因合并而获得经济利益），而根据本节的规定不允许拥有此类经济利益，则应当采取下列措施：

（a）如果会计师事务所获得经济利益，应当立即处置全部经济利益，或处置全部直接经济利益并处置足够数量的间接经济利益，以使剩余经济利益不再重大；

（b）如果鉴证业务项目组成员或其直系亲属获得经济利益，应当立即处置全部经济利益，或处置全部直接经济利益并处置足够数量的间接经济利益，以使剩余经济利益不再重大。

291.112 当无意中违反本节有关经济利益的规定时，如果会计师事务所同时满足下列条件，不被视为损害独立性：

（a）会计师事务所已经制定政策和程序，要求在因购买、继承或其他方式拥有鉴证客户的经济利益而违反规定时，立即向会计师事务所报告；

（b）在适当的情况下采取了第291.111段第（a）至（b）项所规定的措施；

（c）会计师事务所在必要时已采取其他防范措施将剩余威胁降低至可接受的水平，防范措施主要包括：

（i）由其他职业会计师复核该鉴证业务项目组成员已执行的工作；

（ii）不允许该成员参与任何有关该鉴证业务的重大决策。

会计师事务所应当确定是否就该事项与治理层讨论。

贷款和担保

291.113 鉴证业务项目组成员或其直系亲属、会计师事务所从银行或类似金融机构等鉴证客户取得贷款，或获得贷款担保，可能对独立性产生威胁。如果鉴证客户不按照正常的程序、条款和条件提供贷款或担保，将产生非常严重的自身利益威胁，没有防范措施能够将其降低至可接受的水平。因此，鉴证业务项目组成员和其直系亲属、会计师事务所不应当接受此贷款或担保。

291.114 如果会计师事务所按照正常的贷款程序、条款和条件，从银行或类似金融机构等鉴证客户取得贷款，即使该贷款对鉴证客户或会计师事务所影响重大，也可能通过采取防范措施将所产生的自身利益威胁降低至可接受的水平。采取的防范措施包括由网络事务所中未参与执行鉴证业务且未接受该贷款的职业会计师复核已执行的工作等。

291.115 鉴证业务项目组成员或其直系亲属从银行或类似金融机构等鉴证客户取得贷款，或由鉴证客户提供贷款担保，如果按照正常的程序、条款和条件取得贷款或担保，则不会对独立性产生威胁。这类贷款包括房屋抵押贷款、银行透支、汽车贷款和信用卡透支等。

291.116 会计师事务所、鉴证业务项目组成员或其直系亲属从不属于银行或类似金融机构的鉴证客户取得贷款，或由鉴证客户提供贷款担保，将产生非常严重的自身利益威胁，没有防范措施能够将其降低至可接受的水平，除非该项贷款或担保对会计师事务所、鉴证业务项目组成员、项目组成员的直系亲属以及对客户均不重大。

291.117 类似地，会计师事务所、鉴证业务项目组成员或其直系亲属向鉴证客户提供贷款或为其提供担保，将产生非常严重的自身利益威胁，没有防范措施能够将其降低至可接受的水平，除非该贷款或担保对会计师事务所、鉴证业务项目组成员、项目组成员的直系亲属以及对客户均不重大。

291.118 会计师事务所、鉴证业务项目组成员或其直系亲属在银行、经纪人或类似金融机构等鉴证客户开立存款或经纪人账户，如果存款或账户按照正常的商业条件持有，不会对独立性产生威胁。

商业关系

291.119 会计师事务所、鉴证业务项目组成员或其直系亲属与鉴证客户或其高级管理人员之间，由于商务关系或共同的经济利益而存在密切的商业关系，可能产生自身利益威胁或外在压力威胁。这些商业关系主要包括：

（a）在与客户或其控股股东、董事、高级管理人员或其他为该客户执行高级管理活动的人员共同开办的企业中拥有经济利益。

（b）按照协议，将会计师事务所的服务或产品与客户的服务或产品结合在一起，并以双方名义捆绑销售。

（c）按照协议，会计师事务所销售或推广客户的产品或服务，或者客户销售或推广会计师事务所的产品或服务。

除非经济利益不重大，并且商业关系对会计师事务所及客户或其管理层不重要，否则没有防范措施能够将威胁降低至可接受的水平。因此，除非经济利益不重大且商业关系不重要，会计师事务所不应当介入此类商业关系；如果存在此类商业关系，应当将其降低至不重要的水平或予以终止。

对于鉴证业务项目组成员而言，除非此类经济利益不重大且商业关系对该人员不重要，否则应当将该成员调离鉴证业务项目组。

如果鉴证业务项目组成员的直系亲属与鉴证客户或其高级管理人员存在此类商业关系，会计师事务所应当评价威胁的严重程度，并在必要时采取防范措施消除威胁或将其降低至可接受的水平。

291.120 会计师事务所、鉴证业务项目组成员或其直系亲属从鉴证客户购买商品或服务，如果按照正常的商业程序公平交易，通常不对独立性产生威胁。然而，如果交易性质特殊或金额较大，可能产生自身利益威胁。会计师事务所应当评价威胁的严重程度，并在必要时采取防范措施消除威胁或将其降低至可接受的水平。防范措施主要包括：

（a）取消交易或降低交易规模；

（b）将相关鉴证业务项目组成员调离鉴证业务项目组。

家庭和私人关系

291.121 如果鉴证业务项目组成员与鉴证客户的董事、高级管理人员，或特定员工（取决于该员工担任的职务）之间存在家庭和私人关系，可能产生自身利益威胁、密切关系威胁或外在压力威胁。威胁存在与否及其严重程度取决于多种因素，包括该成员在鉴证业务项目组的角色、其家庭成员或相关人员在客户中的职位以及关系的密切程度等。

291.122 如果鉴证业务项目组成员的直系亲属是鉴证客户的：

（a）董事或高级管理人员，或

（b）所处职位能够对鉴证对象信息施加重大影响的员工，

或者在业务期间或鉴证对象信息涵盖的期间曾担任上述职务，只有把该成员调离鉴证业务项目组，才能将对独立性的威胁降低至可接受的水平。由于这种关系如此密切，没有其他防范措施能够将对独立性的威胁降低至可接受的水平。因此，拥有此类关系的人员不应当担任鉴证业务项目组成员。

291.123 如果鉴证业务项目组成员的直系亲属在鉴证客户中所处职位能够对鉴证对象施加重大影响，将对独立性产生威胁。威胁的严重程度主要取决于下列因素：

（a）该直系亲属在客户中的职位；

（b）该成员在鉴证业务项目组中的角色。

会计师事务所应当评价威胁的严重程度，并在必要时采取防范措施消除威胁或将其降低至可接受的水平。防范措施主要包括：

（a）将该成员调离鉴证业务项目组；

（b）合理安排鉴证业务项目组成员的职责，使该成员的工作不涉及其直系亲属的职责范围。

291.124 如果鉴证业务项目组成员的近亲属满足下列情况，将对独立性产生威胁：

（a）是鉴证客户的董事或高级管理人员；或

（b）是所处职位能够对鉴证对象信息施加重大影响的员工。

威胁的严重程度主要取决于下列因素：

（a）鉴证业务项目组成员与其近亲属的关系；

（b）该近亲属在客户中的职位；

（c）该成员在鉴证业务项目组中的角色。

会计师事务所应当评价威胁的严重程度，并在必要时采取防范措施消除威胁或将其降低至可接受的水平。防范措施主要包括：

（a）将该成员调离鉴证业务项目组；

（b）合理安排鉴证业务项目组成员的职责，使该成员的工作不涉及其近亲属的职责范围。

291.125 如果鉴证业务项目组成员与鉴证客户的员工存在密切关系，并且该人员是鉴证客户的董事、高级管理人员或所处职位能够对鉴证对象信息施加重大影响的员工，即使该员工不是鉴证业务项目组成员的直系亲属或近亲属，也将对独立性产生威胁。拥有此类关系的鉴证业务项目组成员应当根据会计师事务所的政策和程序进行咨询。威胁的严重程度主要取决于下列因素：

（a）该员工与鉴证业务项目组成员的关系；

（b）该员工在客户中的职位；

（c）该成员在鉴证业务项目组中的角色。

会计师事务所应当评价威胁的严重程度，并在必要时采取防范措施消除威胁或将其降低至可接受的水平。防范措施主要包括：

（a）将该成员调离鉴证业务项目组；

（b）合理安排鉴证业务项目组成员的职责，使该成员的工作不涉及与之存在密切关系的员工的职责范围。

291.126 会计师事务所中鉴证业务项目组以外的合伙人或员工，与鉴证客户的董事、高级管理人员或所处职位能够对鉴证对象信息施加重大影响的员工之间存在私人或家庭关系，也可能产生自身利益威胁、密切关系威胁或外在压力威胁。威胁存在与否及其严重程度主要取决于下列因素：

（a）该合伙人或员工与鉴证客户董事、高级管理人员或其他员工之间的关系；

（b）该合伙人或员工与鉴证业务项目组之间的相互影响；

（c）该合伙人或员工在会计师事务所中的角色；

（d）该人员在客户中的职位。

会计师事务所应当评价威胁的严重程度，并在必要时采取防范措施消除威胁或将其降低至可接受的水平。防范措施主要包括：

（a）合理安排该合伙人或员工的职责，以减少对鉴证业务项目组可能产生的影响；

（b）由其他职业会计师复核已执行的相关鉴证工作。

291.127 当无意中违反本节有关家庭和私人关系的规定时，如果同时满足下列条件，不被视为损害独立性：

（a）会计师事务所已经制定政策和程序，要求所有专业人员在其直系亲属、近亲属或与其存在私人关系的员工因工作变动而违反规定时，立即向会计师事务所报告；

（b）鉴证业务项目组成员因其直系亲属成为鉴证客户的董事、高级管理人员或处于能够对鉴证对象信息施加重大影响的职位而无意中违反规定时，将该成员调离鉴证业务项目组；

（c）会计师事务所在必要时已采取其他防范措施将剩余威胁降低至可接受的水平。防范措施主要包括：

（i）由其他职业会计师复核该鉴证业务项目组成员已执行的工作；

（ii）不允许该成员参与任何有关该业务的重大决策。

会计师事务所应当确定是否就该事项与治理层讨论。

与鉴证客户发生雇佣关系

291.128 如果鉴证客户的董事、高级管理人员或所处职位能够对鉴证对象信息施加重大影响的员工，曾经是鉴证业务项目组的成员或会计师事务所的合伙人，可能产生密切关系威胁或外在压力威胁。

291.129 如果鉴证业务项目组前任成员或会计师事务所前任合伙人加入鉴证客户并担任上述职位，所产生的密切关系威胁或外在压力威胁存在与否及其严重程度取决于下列因素：

（a）该人员在鉴证客户中所处的职位；

（b）该人员将与鉴证业务项目组交往的程度；

（c）该人员离开鉴证业务项目组成员的职位或离开会计师事务所合伙人职位的时间长短；

（d）该人员以前在鉴证业务项目组或会计师事务所中的角色。例如，该人员是否负责与客户管理层或治理层保持定期联系。

在任何情况下，该人员都不应当继续参与会计师事务所的业务或专业活动。

会计师事务所应当评价威胁的严重程度，并在必要时采取防范措施消除威胁或将其降低至可接受的水平。防范措施主要包括：

（a）作出安排，使得前任成员或前任合伙人无权从会计师事务所获取报酬或福利，除非这些福利或报酬是按照预先确定的固定金额支付的；

（b）作出安排，使得未付金额对会计师事务所不重要；

（c）修改鉴证业务计划；

（d）向鉴证业务项目组分派经验更丰富的人员；

（e）由其他职业会计师复核前任鉴证业务项目组成员已执行的工作。

291.130 如果会计师事务所前任合伙人加入某一实体并担任上述职位，而该实体随后成为会计师事务所的鉴证客户，会计师事务所应当评价对独立性的威胁的严重程度，并在必要时采取防范措施消除威胁或将其降低至可接受的水平。

291.131 如果鉴证业务项目组某一成员参与鉴证业务，当知道自己在未来某一时间将要或有可能加入鉴证客户时，将产生自身利益威胁。会计师事务所应当制定政策和程序，要求鉴证业务项目组成员在与鉴证客户协商受雇于该客户时，向会计师事务所报告。在接到报告后，会计师事务所应当评价威胁的严重程度，并在必要时采取防范措施消除威胁或将其降低至可接受的水平。防范措施主要包括：

（a）将该成员调离鉴证业务项目组；

（b）复核该成员在鉴证业务项目组中作出的重大判断。

最近曾在客户任职

291.132 如果鉴证业务项目组成员最近曾担任鉴证客户的董事、高级管理人员或员工，可能产生自身利益威胁、自我评价威胁或密切关系威胁。如果鉴证业务项目组成员在鉴证客户工作期间曾经编制鉴证对象信息的要素，现又对其进行评价，则可能产生这些威胁。

291.133 如果在鉴证报告涵盖的期间，鉴证业务项目组成员曾担任鉴证客户的董事、高级管理人员，或所处职位能够对鉴证对象信息施加重大影响的员工，将产生非常严重的威胁，没有防范措施能够将其降低至可接受的水平。因此，会计师事务所不应当将此类人员分派到鉴证业务项目组。

291.134 如果在鉴证报告涵盖期间之前，鉴证业务项目组成员曾担任鉴证客户的董事或高级管理人员，或所处职位能够对鉴证对象信息施加重大影响的员工，将产生自身利益威胁、自我评价威胁或密切关系威胁。例如，如果在当期鉴证业务中需要评价此类人员以前就职于鉴证客户时作出的决策或工作，将产生这些威胁。威胁存在与否及其严重程度主要取决于下列因素：

（a）该成员在客户中曾担任的职务；

（b）该成员离开客户的时间长短；

（c）该成员在鉴证业务项目组中的角色。

会计师事务所应当评价威胁的严重程度，并在必要时采取防范措施将其降低至可接受的水平。防范措施包括复核该成员担任鉴证业务项目组成员时已执行的工作。

兼任鉴证客户的董事或高级管理人员

291.135 如果会计师事务所的合伙人或员工兼任鉴证客户的董事或高级管理人员，将产生非常严重的自我评价威胁和自身利益威胁，没有防范措施能够将其降低至可接受的水平。因此，会计师事务所的合伙人或员工不应当兼任鉴证客户的董事或高级管理人员。

291.136 公司秘书这一职位在不同司法管辖区有不同的含义。其职责可能涉及诸如人事管理、公司记录和登记簿的维护等行政性工作，也可能涉及其他职责以确保公司遵守法规、或针对公司治理事项提出相关建议。通常，这一职位被认为与实体存在密切联系。

291.137 如果会计师事务所的合伙人或员工担任鉴证客户的公司秘书，将产生自我评价威胁和过度推介威胁，通常这些威胁非常严重，没有防范措施能够将其降低至可接受的水平。尽管第 291.135 段已作出规定，但如果该做法是当地法律、职业规则或惯例明确允许的，并且所有相关决策都由管理层作出，则该公司秘书所承担的责任和行动应当限于日常性和行政性事务，如编制会议纪要和法定申报资料的维护。在这种情况下，会计师事务所应当评价威胁的严重程度，并在必要时采取防范措施消除威胁或将其降低至可接受的水平。

291.138 会计师事务所提供日常和行政事务性的服务以支持公司秘书职能，或提供与公司秘书行政事项有关的建议，只要所有相关决策均由鉴证客户管理层作出，通常不对独立性产生威胁。

合伙人或高级员工与鉴证客户长期存在业务关系

291.139 会计师事务所长期委派同一名合伙人或高级员工执行一项鉴证业务，将产生密切关系威胁和自身利益威胁。威胁的严重程度取决于下列因素：

（a）该人员加入鉴证业务项目组的时间长短；

（b）该人员在鉴证业务项目组中的角色；

（c）会计师事务所的组织结构；

（d）鉴证业务的性质；

（e）客户的管理团队是否发生变动；

（f）鉴证对象信息的性质或复杂程度是否发生变化。

会计师事务所应当评价威胁的严重程度，并在必要时采取防范措施消除威胁或将其降低至可接受的水平。防范措施主要包括：

（a）将该合伙人或高级员工轮换出鉴证业务项目组；

（b）由鉴证业务项目组以外的职业会计师复核该合伙人或高级员工已执行的工作；

（c）定期对该业务实施独立的内部或外部质量复核。

为鉴证客户提供非鉴证服务

291.140 会计师事务所向鉴证客户提供多种与其技能和专长相符的非鉴证服务。然而，提供非鉴证服务可能对会计师事务所或鉴证业务项目组成员的独立性产生威胁。最常见的威胁包括自我评价威胁、自身利益威胁和过度推介威胁。

291.141 如果本节没有对某一特定非鉴证服务提供具体指引，应当在评价具体情形时运用概念框架。

291.142 在接受委托向鉴证客户提供非鉴证服务之前，会计师事务所应当确定提供该服务是否将对独立性产生威胁。在评价某一特定非鉴证服务产生威胁的严重程度时，会计师事务所应当考虑鉴证业务项目组认为提供其他相关非鉴证服务将产生的威胁。如果没有防范措施能够将威胁降低至可接受的水平，会计师事务所不应当向鉴证客户提供该非鉴证服务。

管理层职责

291.143 管理层按照对利益相关者最有利的方式行使多项管理职能。本守则无法详细说明属于管理层职责的每一项活动。然而，管理层职责涉及领导和指挥实体的各项工作，包括针对人力资源、财务资源、有形或无形资源的取得、配置和控制作出重大决策。

291.144 某项活动是否属于管理层职责取决于具体情况，并需要运用判断。下列活动通常被视为管理层职责：

（a）制定政策和战略方针；

（b）指导员工的行动并对该行动负责；

（c）进行交易授权；

（d）确定采纳会计师事务所或其他第三方提出的建议；

（e）负责设计、实施和维护内部控制。

291.145 从事日常和行政性的事务或不重要的活动，通常不被认为是管理层职责。例如，执行一项已由管理层授权的非重要交易，或跟踪法定申报资料规定的提交日期，并告知鉴证客户这些日期，不被认为是管理层职责。此外，向管理层提供意见和建议以协助管理层履行职责也不是承担管理层职责。

291.146 会计师事务所承担鉴证客户的管理层职责，将对其独立性产生威胁。如果作为鉴证业务的组成部分，会计师事务所承担了管理层职责，将产生非常严重的威胁，没有防范措施能够将其降低至可接受的水平。因此，会计师事务所在执行鉴证业务时，不应当将承担管理层职责作为执行鉴证服务的组成部分。如果会计师事务所将承担管理层职责作为向鉴证客户提供的其他服务的组成部分，会计师事务所应当确保该职责与其执行鉴证业务的鉴证对象和鉴证对象信息无关。

291.147 在向鉴证客户提供非鉴证服务时，为避免承担管理层职责的风险，会计师事务所应当确保由管理层的成员负责作出属于管理层适当职责的重大判断和决策，评价服务的结果，并对依据服务结果采取的行动负责。这些措施有助于降低会计师事务所无意中代表管理层作出重大判断或决策的风险。如果会计师事务所由客户依据对问题客观、透明的分析和陈述作出判断和决策，将进一步降低这种风险。

其他考虑

291.148 如果会计师事务所提供的非鉴证服务与鉴证业务中的鉴证对象信息相关，可能对独立性产生威胁。在这种情况下，会计师事务所应当评价非鉴证服务影响鉴证对象信息的程度，并确定能否通过采取防范措施将超出可接受的水平的自我评价威胁降低至可接受的水平。

291.149 如果会计师事务所参与编制鉴证对象信息，随后又对该信息进行鉴证，则可能产生自我评价威胁。例如，如果会计师事务所设计并编制预测性财务信息，随后对该信息进行鉴证，将产生自我评价威胁。因此，会计师事务所应当评价由提供此类服务产生的自我评价威胁的严重程度，并在必要时采取防范措施消除威胁或将其降低至可接受的水平。

291.150 如果会计师事务所提供的评估服务结果构成鉴证业务中鉴证对象信息的组成部分，会计师事务所应当评价自我评价威胁的严重程度，并在必要时采取防范措施消除威胁或将其降低至可接受的水平。

收费

收费结构

291.151 如果发表鉴证意见的会计师事务所从某一鉴证客户收取的全部费用占其收费总额的比重很大，则对该客户的依赖及对可能失去该客户的担心将产生自身利益威胁或外在压力威胁。威胁的严重程度取决于下列因素：

（a）会计师事务所的经营结构；

（b）会计师事务所是发展成熟的还是新建的事务所；

（c）该客户在性质上和/或数量上对于会计师事务所的重要程度。

会计师事务所应当评价威胁的严重程度，并在必要时采取防范措施消除威胁或将其降低至可接受的水平。防范措施主要包括：

（a）降低对该客户的依赖程度；

（b）实施外部质量控制复核；

（c）就关键的鉴证判断向第三方咨询，例如向行业监管机构或其他会计师事务所咨询。

291.152 如果从某一鉴证客户收取的全部费用占某一合伙人从所有客户收取的费用总额比重很大，也将产生自身利益威胁或外在压力威胁。会计师事务所应当评价威胁的严重程度，并在必要时采取防范措施消除威胁或将其降低至可接受的水平。采取的防范措施包括由鉴证业务项目组外其他的职业会计师复核已执行的工作或在必要时提供建议等。

逾期收费

291.153 如果鉴证客户长期未支付应付的鉴证费用，尤其是相当部分的鉴证费用在出具下一年度鉴证报告前仍未支付，可能产生自身利益威胁。会计师事务所通常要求鉴证客户在鉴证报告出具前付清上一年度的鉴证费用。如果在鉴证报告出具后鉴证客户仍未支付该费用，会计师事务所应当评价威胁存在与否及其严重程度，并在必要时采取防范措施消除威胁或将其降低至可接受的水平。可采取的防范措施包括由未参与执行鉴证业务的其他职业会计师提供建议，或复核已执行的工作等。会计师事务所还应当确定逾期收费是否可能被视同向客户贷款，并且基于逾期收费的重要程度确定会计师事务所是否再次接受委托或继续执行鉴证业务。

或有收费

291.154 或有收费是指收费与否或收费多少取决于交易的结果或会计师事务所执行工作的结果。在本节中，如果一项收费是由法院或其他公共机构规定的，则不被视为或有收费。

291.155 会计师事务所在提供鉴证服务时，以直接或间接形式（例如通过中介机构）收取或有收费，将产生非常严重的自身利益威胁，没有防范措施能够将其降低至可接受的水平。因此，会计师事务所不应当采用这种收费安排。

291.156 会计师事务所在向鉴证客户提供非鉴证服务时，如果非鉴证服务以直接或间接形式（例如通过中介机构）取得或有收费，也可能产生自身利益威胁。如果非鉴证服务的结果及其由此收取的费用金额，取决于未来或当期的判断，而该判断与对鉴证业务的鉴证对象信息有重大影响的事项相关，则没有防范措施能够将威胁降低至可接受的水平。因此，会计师事务所不应当采用这种收费安排。

291.157 在向鉴证客户提供非鉴证服务时，如果会计师事务所采用其他形式的或有收费安排，威胁存在与否及其严重程度主要取决于下列因素：

（a）可能的收费金额区间；

（b）是否由适当的权威方确定有关的事项的结果，并且该结果作为或有收费的基础；

（c）非鉴证服务的性质；

（d）事项或交易对鉴证对象信息的影响。

会计师事务所应当评价威胁的严重程度，并在必要时采取防范措施消除威胁或将其降低至可接受的水平。防范措施主要包括：

（a）由其他职业会计师复核相关鉴证工作，或在必要时提供建议；

（b）由鉴证业务项目组以外的专业人员提供非鉴证服务。

礼品和款待

291.158 会计师事务所或鉴证业务项目组成员接受鉴证客户的礼品或款待可能产生自身利益威胁和密切关系威胁。如果会计师事务所或鉴证业务项目组成员接受礼品或款待，除非价值微小且无关紧要，否则将产生非常严重的威胁，导致没有防范措施能够将其降低至可接受的水平。因此，会计师事务所或鉴证业务项目组成员不应当接受这种礼品或款待。

诉讼或诉讼威胁

291. 159 如果会计师事务所或鉴证业务项目组成员与鉴证客户发生诉讼或很可能发生诉讼，将产生自身利益威胁和外在压力威胁。客户管理层和鉴证业务项目组成员之间必须完全坦诚，并充分披露与客户经营有关的所有信息。如果会计师事务所和客户管理层由于诉讼或诉讼威胁而处于对立地位，将影响管理层充分提供信息的意愿，从而产生自身利益威胁和外在压力威胁。威胁的严重程度主要取决于下列因素：

（a）诉讼的重要性；

（b）诉讼是否与前期鉴证业务相关。

会计师事务所应当评价威胁的严重程度，并在必要时采取防范措施消除威胁或将其降低至可接受的水平。防范措施主要包括：

（a）如果诉讼涉及某一鉴证业务项目组成员，将该成员调离鉴证业务项目组；

（b）由其他专业人员复核已执行的工作。

如果此类防范措施不能将威胁降低至可接受的水平，会计师事务所只能拒绝接受鉴证业务委托或解除鉴证业务约定。

第 2005 - 01 号解释公告

（于 2009 年 7 月作出修改，以体现 IESBA 为提高守则的明晰度而对守则作出的修改）

将第 291 节的规定应用于财务报表审计业务之外的其他鉴证业务

本解释公告就如何将第 291 节的独立性要求应用于财务报表审计业务之外的其他鉴证业务提供指引。

本解释公告关注的是财务报表审计业务之外的其他鉴证业务应用第 291 节所特有的问题。第 291 节中也包含了一些与针对所有鉴证业务考虑独立性要求相关的其他事项。例如，第 291.3 段规定，如果会计师事务所有理由相信网络事务所的利益和关系可能产生某些威胁，则应当评价这些威胁。该段还规定，如果鉴证业务项目组有理由相信鉴证客户的某一关联实体与评价会计师事务所对该客户的独立性相关，则鉴证业务项目组在评价对独立性的威胁以及在必要时采取防范措施时应当将该关联实体包括在内。这些事项并未在本解释公告中特别涉及。

根据国际审计与鉴证准则理事会发布的国际鉴证业务框架，在鉴证业务中，执业的职业会计师通过发表鉴证结论，以增强除责任方之外的预期使用者对按照标准对鉴证对象进行评价或计量的结果的信任程度。

基于责任方认定的业务

在基于责任方认定的业务中，责任方对鉴证对象进行评价或计量，鉴证对象信息以责任方认定的形式为预期使用者获取。

在基于责任方认定的业务中，责任方对鉴证对象信息负责，也可能对鉴证对象负责，保持独立性的要求来自于责任方。

如果责任方对鉴证对象信息负责而不对鉴证对象负责，保持独立性的要求来自于责任方。此外，会计师事务所还应当评价其有理由相信的，因鉴证业务项目组成员、会计师事务所、网络事务所与鉴证对象的责任方之间存在的利益和关系产生的威胁的严重程度。

直接报告业务

在直接报告业务中，执业的职业会计师直接对鉴证对象进行评价或计量，或从责任方获取对鉴证对象进行评价或计量的声明，而该声明无法为预期使用者获取。预期使用者只能通过阅读鉴证报告获取鉴证对象信息。

在直接报告业务中，保持独立性的要求来自于对鉴证对象负责的责任方。

多个责任方

某些鉴证业务，包括基于责任方认定的业务和直接报告业务，可能存在多个责任方。例如，执业的职业会计师可能被要求对数家独立经营的报纸的月度流通量统计数据执行鉴证业务。如果每家报纸都对其流通量进行计量，并且统计数据包含在预期使用者能够获取的认定中，则该项业务属于基于责任方认定的业务。相反，如果不存在此类认定，报社可能提供书面声明也可能不提供书面声明，则该项业务属于直接报告业务。

对于存在多个责任方的业务，在确定是否有必要将第 291 节的规定应用于每个责任方时，会计师事务所应当根据鉴证对象信息的具体情况，评价会计师事务所或鉴证业务项目组成员与特定责任方之间的利益或关系产生的威胁是否微小且无关紧要。会计师事务所应当主要考虑下列因素：

（a）由特定责任方负责的鉴证对象信息（或鉴证对象）的重要性；

（b）鉴证业务涉及公众利益的程度。

如果确定与特定责任方之间的利益或关系对独立性产生的威胁微小且无关紧要，会计师事务所不必将本节的所有规定应用于该责任方。

举例

以下的例子用来演示第291节的规定如何得以应用。本例假设客户既不是会计师事务所的，也不是网络事务所的财务报表审计客户。

某会计师事务所接受委托，就10家相互独立的公司已探明石油储量的总和执行鉴证业务。每家公司都已经作了地理方面和工程方面的调查，以确定其储量（鉴证对象）。已知存在确定的标准，用于确定某一储量是否已探明，而执业的职业会计师认为该标准适用于本业务。在20×0年12月31日，每家公司的已探明储量如下：

	已探明石油储量（单位：千桶）
公司1	5,200
公司2	725
公司3	3,260
公司4	15,000
公司5	6,700
公司6	39,126
公司7	345
公司8	175
公司9	24,135
公司10	9,635
合　计	104,301

该项业务可以采用不同的方法来组织：

基于责任方认定的业务

A1 每家公司计量其储量并向会计师事务所和预期使用者提供认定。

A2 由公司之外其他的实体计量储量并向会计师事务所和预期使用者

提供认定。

直接报告业务

D1 每家公司计量其储量，并向会计师事务所提供书面声明，声明已按照确定的标准计量了其储量。该声明无法为预期使用者获取。

D2 会计师事务所直接计量某些公司的储量。

对方法的运用

A1 每家公司计量其储量并向会计师事务所和预期使用者提供认定。

在这项业务中，存在多个责任方（公司 1 至公司 10）。在确定是否需要将独立性要求应用于所有这些公司时，会计师事务所可以考虑与某一特定公司之间的利益或关系能否对独立性产生超出可接受水平的威胁。考虑的因素包括：

（a）该公司已探明储量相对于所有储量合计数的重要性；

（b）该业务涉及公众利益的程度（参见第 291. 28 段）。

例如，公司 8 占合计数的 0. 17%，而公司 6 大约占合计数的 37. 5%，因此，相对于公司 6 来说，即使是同样的利益或关系，公司 8 因该利益或关系产生的威胁都低于公司 6。

在确定独立性要求所适用的公司后，鉴证业务项目组和会计师事务所应当对那些可能被视为鉴证客户的责任方保持独立（参见第 291. 28 段）。

A2 由公司之外其他的实体计量储量并向会计师事务所和预期使用者提供认定。

会计师事务所应当对计量储量并向会计师事务所和预期使用者（参见第 291. 19 段）提供认定的实体保持独立。该实体不对鉴证对象负责，因此，会计师事务所应当评价其有理由相信的，与鉴证对象的责任方之间的利益或关系产生的威胁的严重程度（参见第 291. 19 段）。在这项业务中，存在多方对鉴证对象负责（公司 1 至公司 10）。如 A1 的例子所述，会计师事务所可以考虑与某一特定公司之间的利益或关系能否对独立性产生超出可接受水平的威胁。

D1 每家公司计量其储量，并向会计师事务所提供书面声明，声明已按照确定的标准计量了其储量。该声明无法为预期使用者获取。

在这项业务中，存在多方对鉴证对象负责（公司1至公司10）。在确定是否需要将独立性要求应用于所有这些公司时，会计师事务所可以考虑与某一特定公司之间的利益或关系能否对独立性产生超出可接受水平的威胁。考虑的因素包括：

（a）该公司已探明储量相对于所有储量合计数的重要性；

（b）该业务涉及公众利益的程度（参见第291.28段）。

例如，公司8占合计数的0.17%，而公司6大约占合计数的37.5%，因此，相对于公司6来说，即使是同样的利益或关系，公司8因该利益或关系产生的威胁都低于公司6。

在确定独立性要求所适用的公司后，鉴证业务项目组和会计师事务所应当对那些可能被视为鉴证客户的责任方保持独立（参见第291.28段）。

D2 会计师事务所直接计量某些公司的储量。

对第291节规定的运用方法同案例D1。

C 部分——工商业界职业会计师

页码

第 300 节
引　　言

300.1 守则本部分说明工商业界职业会计师如何在某些情况下运用 A 部分的概念框架。本部分并未描述工商业界职业会计师可能遇到的对职业道德基本原则产生威胁或可能产生威胁的所有情形和关系，因此，鼓励工商业界职业会计师警惕这样的情形和关系。

300.2 投资者、债权人、雇主、其他商界部门、政府以及社会公众都可能依赖工商业界职业会计师的工作。工商业界职业会计师可能单独或与其他人员一起负责编报财务信息及其他信息（这些信息可能为工作单位和第三方所利用），也可能负责从事有效的财务管理工作以及提供各种与企业经营有关的合理建议。

300.3 工商业界职业会计师，可能是领取报酬的员工，也可能是合伙人、执行董事或非执行董事、业主兼经理、志愿者，或者为一家或多家组织服务的人员。他们与工作单位之间关系的法律形式不影响其应承担的道德责任。

300.4 工商业界职业会计师有责任促进工作单位实现其合法的目标。本守则并不妨碍工商业界职业会计师恰当履行上述职责，仅涉及可能损害工商业界职业会计师职业道德基本原则的情形。

300.5 工商业界职业会计师可能在某个单位处于高级职位。职位越高，越有能力和机会影响该单位的事项、实务和态度。因此，工商业界职业会计师应当在工作单位中倡导以道德为基础的文化，以促使高级管理层重视道德行为。

300.6 工商业界职业会计师不应当在明知的情况下从事任何损害或可能损害诚信原则、客观和公正原则或良好职业声誉，从而可能与职业道德基本原则相矛盾的工作或活动。

300.7 对职业道德基本原则的遵循可能受到多种情形和关系的威胁。威胁可以归属于下列一种或多种类别：

（a）自身利益威胁；

（b）自我评价威胁；

（c）过度推介威胁；

（d）密切关系威胁；

（e）外在压力威胁。

这些威胁已在本守则 A 部分作出进一步讨论。

300.8 可能对工商业界职业会计师产生自身利益威胁的情形主要包括：

（a）在工作单位拥有经济利益，或者接受工作单位的贷款或担保；

（b）参与工作单位的激励性薪酬方案；

（c）因私不当使用工作单位的资产；

（d）过分担心失去现有工作职位；

（e）面临来自工作单位以外的商业压力。

300.9 可能对工商业界职业会计师产生自我评价威胁的情况包括，工商业界职业会计师在对收购决策进行可行性研究后，又确定该企业合并的会计处理方法等。

300.10 在促进工作单位实现合法目标的过程中，工商业界职业会计师可能宣传工作单位的立场。但只要作出的陈述没有错误，也不误导使用者，通常不会产生过度推介威胁。

300.11 可能对工商业界职业会计师产生密切关系威胁的情形主要包括：

（a）负责工作单位的财务报告，而在同一单位工作的直系亲属或近亲属可以作出影响该单位财务报告的决策；

（b）与工作单位能够影响经营决策的人员存在长期业务交往；

（c）接受礼品或款待，除非其价值微小且无关紧要。

300.12 可能对工商业界职业会计师产生外在压力威胁的情形主要

包括：

（a）由于在会计原则应用或财务信息呈报方式上与工作单位存在分歧，工商业界职业会计师或其直系亲属、近亲属受到解聘或更换职位的威胁；

（b）上级主管试图影响工商业界执业会计师的决策过程，例如，以从合同或对某项会计原则的应用中获益为目的。

300.13 能够消除威胁或将其降低至可接受的水平的防范措施包括下列两类：

（a）法律法规和职业规范规定的防范措施；

（b）在具体工作中采取的防范措施。

本守则 A 部分第 100.14 段详细列举了由法律法规和职业规范规定的防范措施。

300.14 在具体工作中采取的防范措施主要包括：

（a）建立合理的监督体系；

（b）制定道德和行为规范；

（c）制定恰当的人员招聘政策和程序，并强调雇用优秀员工的重要性；

（d）建立有效的内部控制；

（e）实施恰当的惩戒程序；

（f）领导层倡导和培育以遵守道德规范为导向的内部文化；

（g）监督员工的工作质量；

（h）向员工及时传达工作单位的政策、程序及其变化情况，并提供适当培训；

（i）鼓励员工就职业道德问题与领导层沟通；

（j）向其他专业人士咨询。

300.15 如果工商业界职业会计师预计工作单位存在的不道德行为或行动仍将发生，可以考虑征询法律意见。在某些极端的情况下，如果即使采取所有可能的防范措施，仍然不能将威胁降低至可接受的水平，工商业界职业会计师可以考虑向工作单位提出辞职。

第 310 节
潜在冲突

310.1 工商业界职业会计师应当遵循职业道德基本原则。但有时，履行对工作单位的职责和遵循职业道德基本原则的职业义务之间存在冲突。工商业界职业会计师通常被认为会支持工作单位确立的合法、符合道德标准的目标以及为实现这些目标而制定的规则和程序。但是，如果某一关系或情形对职业道德基本原则产生威胁，工商业界职业会计师应当运用第 100 节规定的概念框架确定如何应对。

310.2 工商业界职业会计师可能由于履行工作职责而受到压力，使其行为或行动方式对职业道德基本原则产生威胁。这种压力可能是明显的，也可能是隐含的。压力可能来自于上级主管、经理、董事或工作单位内部的其他人员。这种压力可能使工商业界职业会计师：

（a）违反法律法规；

（b）违反技术规范或职业准则；

（c）为实施不道德或非法的盈余管理战略提供便利；

（d）欺骗或故意误导他人（包括以保持沉默的方式误导），特别是欺骗或故意误导工作单位的审计师或监管机构；

（e）发布严重歪曲事实的财务报告或其他报告，或与这些报告发生关联，包括与下列文件相关的报告：

（i）财务报表；

（ii）税收法规遵循情况；

（iii）法律遵循情况；

（iv）证券监管机构要求的报告。

310.3 工商业界职业会计师应当评价这些压力所产生威胁（如外在压力威胁）的严重程度，并在必要时采取防范措施消除威胁或将其降低至可接受的水平。防范措施主要包括：

（a）在适当时，向工作单位内部、独立的职业咨询专家或相关职业团体寻求建议；

（b）运用工作单位内部正式的冲突解决程序；

（c）征询法律意见。

第 320 节
信息的编制和报告

320.1 工商业界职业会计师通常参与编制和报告信息，供对外公布或工作单位内、外部人士使用。这些信息可能包括财务信息或管理信息，例如，预测和预算、财务报表、管理层讨论与分析以及在财务报表审计过程中向外部审计师提供的管理层声明书等。工商业界职业会计师应当公正、诚实地编报这些信息，遵守相关职业准则，使得使用者能够正确理解信息。

320.2 负责工作单位通用目的财务报表编制或批准的工商业界职业会计师，应当确信财务报表已按照适用的财务报告准则编报。

320.3 工商业界职业会计师应当按照下列要求，以适当的方式编制和报告由其负责的信息：

（a）清楚地描述交易、资产和负债的性质；

（b）及时并恰当地分类和记录信息；

（c）在所有重大方面准确、完整地反映事实。

320.4 如果工商业界职业会计师因外在压力或因自身利益而与误导性信息发生关联，或通过他人的行为与误导性信息发生关联，将对职业道德基本原则产生威胁（例如，对客观和公正原则、专业胜任能力和应有的关注原则产生自身利益威胁或外在压力威胁）。

320.5 威胁的严重程度取决于压力来源、信息误导或可能误导的程度等因素。工商业界职业会计师应当评价威胁的严重程度，并在必要时采取防范措施消除威胁或将其降低至可接受的水平。防范措施包括向工作单位内部的主管、审计委员会、治理层或相关职业团体咨询等。

320.6 如果工商业界职业会计师无法将威胁降低至可接受的水平，对于认为存在误导的信息，应当避免与之发生关联或继续保持关联。工商业界职业会计师可能无意中与误导性信息发生关联。一旦知悉这一事实，应当立即采取措施终止关联。在确定是否有必要报告该事项时，工商业界职业会计师可以考虑征询法律意见，此外，还可以考虑向工作单位提出辞职。

第 330 节

专业知识和技能

330.1 工商业界职业会计师应当遵循专业胜任能力和应有的关注原则，只有在经过专门培训并且获得足够的经验后，才能承担相应的重要工作。

工商业界职业会计师不应当夸大其专业知识水平或工作经验，故意误导工作单位以及在需要时放弃寻求专家的建议和帮助。

330.2 在工商业界职业会计师履行职责时，下列情形可能对专业胜任能力和应有的关注原则产生威胁：

（a）缺乏足够的时间恰当执行或完成相关职责；

（b）在恰当履行职责的过程中获取的信息不完整、不充分或范围受限；

（c）缺乏应有的经验、培训和/或教育；

（d）在恰当履行职责的过程中缺乏足够的资源。

330.3 威胁的严重程度取决于工商业界职业会计师与他人合作的范围、工作资历以及对其工作督导和复核的程度等因素。工商业界职业会计师应当评价威胁的严重程度，并在必要时采取防范措施消除威胁或将其降低至可接受的水平。防范措施主要包括：

（a）接受更多的建议和培训；

（b）保证有足够的时间履行相关职责；

（c）获得具有特定专长的人员的帮助；

（d）在适当时向上级主管、独立咨询专家或相关职业团体咨询。

330.4 如果不能消除威胁或将其降低至可接受的水平，工商业界职业会计师应当确定是否拒绝执行相关工作。如果工商业界职业会计师认为拒绝执行相关工作是恰当的，应当向工作单位清楚地说明原因。

第 340 节
经济利益

340.1 工商业界职业会计师可能拥有的经济利益，或可能知悉其直系亲属或近亲属拥有的经济利益，在某些情况下可能对职业道德基本原则产生威胁。例如，工商业界职业会计师可能有动机和机会通过操纵对价格敏感的信息获益，这将对客观和公正原则以及保密原则产生自身利益威胁。当工商业界职业会计师、其直系亲属或近亲属存在下列情况时，可能产生自身利益威胁：

（a）在工作单位拥有直接或间接的经济利益，经济利益的价值可能直接受工商业界职业会计师决策的影响；

（b）有资格获得与利润挂钩的奖金，奖金的价值可能直接受工商业界职业会计师决策的影响；

（c）直接或间接持有工作单位的股票期权，其价值可能直接受工商业界职业会计师决策的影响；

（d）直接或间接持有工作单位的现在可行权或即将可行权的股票期权；

（e）在达到某些目标后，可能有资格获得工作单位的股票期权或与业绩挂钩的奖金。

340.2 工商业界职业会计师应当评价威胁的严重程度，并在必要时采取防范措施消除威胁或将其降低至可接受的水平。在评价威胁的严重程度，并在必要时确定所采取的用于消除威胁或将其降低至可接受的水平的适当防范措施时，工商业界职业会计师应当评价经济利益的性质，其中包括评价经济利益的重要程度以及确定它是直接经济利益还是间接经济利益。在工作单位中拥有重要或有价值的利益的情况因人而异，取决于当事人所处的具体情况。

防范措施主要包括：

（a）工作单位制定相关政策和程序，规定由独立于管理层的委员会决定高级管理人员的薪酬形式及其水平；

（b）根据工作单位的内部政策，工商业界职业会计师向工作单位的治理层披露所有相关利益以及相关股票的交易计划；

（c）在适当时，工商业界职业会计师向工作单位的上级主管咨询；

（d）在适当时，工商业界职业会计师向工作单位的治理层或相关职业团体咨询；

（e）工作单位开展内部审计或接受外部审计；

（f）工作单位及时开展职业道德教育和与内幕交易相关的法律法规培训。

340.3 工商业界职业会计师不应当操纵信息或利用涉密信息谋取个人利益。

第 350 节
利益诱惑

受到利益诱惑

350.1 工商业界职业会计师、其直系亲属或近亲属可能受到利益诱惑。利益诱惑的形式可能多种多样，包括礼品、款待、优惠待遇或以友情或忠诚为名义提出不当要求。

350.2 利益诱惑可能对职业道德基本原则产生威胁。如果工商业界职业会计师、其直系亲属或近亲属面对对方的利益诱惑，工商业界职业会计师应当就所处情况作出评价。如果诱惑是为了不当影响工商业界职业会计师的行为或决策，促使其作出违法或不诚实的行为，或获取其掌握的涉密信息，则客观和公正原则或保密原则将受到自身利益威胁。在接受利益诱惑后，如果对方又威胁将接受诱惑的事实公开，以损害该会计师、其直系亲属或近亲属的声誉，客观和公正原则或保密原则将受到外在压力威胁。

350.3 威胁存在与否及其严重程度取决于诱惑的性质、金额及其背后的意图。如果一个理性且掌握充分信息的第三方，在权衡所有具体事实和情况后认为该诱惑不重要，并且不是为了鼓励作出不道德行为，工商业界职业会计师就可以推断它属于业务中的正常往来，并且一般认为不会严重威胁职业道德基本原则。

350.4 工商业界职业会计师应当评价威胁的严重程度，并在必要时采取防范措施消除威胁或将其降低至可接受的水平。在采取防范措施后，如果不能将威胁消除或降低至可接受的水平，工商业界职业会计师不应当接受该利益诱惑。除了接受利益诱惑，对方提供利益诱惑本身也可能对职业道德基本原则产生真正或明显的威胁，所以职业会计师应当采取额外的防范措施。工商业界职业会计师应当评价这些利益诱惑产生的所有威胁，并确定是否采取下列行动：

（a）当相关方提供诱惑时，立即告知工作单位治理层或较高级别的管理人员；

（b）将相关方提供利益诱惑的事实通知职业团体或对方单位等第三方。在采取该行动前，工商业界职业会计师可以考虑是否征询法律意见；

（c）当直系亲属或近亲属处在有可能导致对方提供利益诱惑的职位时（例如，因工作情况导致），告知这些直系亲属或近亲属相应的威胁和防范措施；

（d）当直系亲属或近亲属被竞争对手或其潜在的供应商聘用时，通知工商业界职业会计师所在工作单位治理层或较高级别的管理人员。

提供利益诱惑

350.5 工商业界职业会计师可能被期望或面临其他压力而提供诱惑，以影响个人或单位的判断或决策制定过程，或获得涉密信息。

350.6 这些压力可能来自工作单位内部，如同事或主管，也可能来自外部个人或单位，他们建议采取有利于工作单位的行动或业务决策，可能对工商业界职业会计师产生不当影响。

350.7 工商业界职业会计师不应当为了不当影响第三方的职业判断而提供利益诱惑。

350.8 当提供不道德诱惑的压力来自于工作单位内部时，工商业界职业会计师应当遵循本守则 A 部分有关解决道德冲突问题的原则和指引。

术 语 表

在《国际职业会计师道德守则》中，下列术语具有以下含义：

可接受的水平

一个理性且掌握充分信息的第三方，在权衡职业会计师当时所能获得的所有具体事实和情况后，很可能认为职业道德基本原则未受到损害时所处的水平。

广告

为招揽业务，将执业的职业会计师所提供的服务或技能方面的信息传播给公众。

鉴证客户

即鉴证业务的责任方，是指下列人员：

（一）在直接报告业务中，对鉴证对象负责的人员。

（二）在基于责任方认定的业务中，对鉴证对象信息负责并可能对鉴证对象负责的人员。

鉴证业务

是指执业的职业会计师对鉴证对象信息（即按照标准对鉴证对象进行评价和计量的结果）提出结论，以增强除责任方之外的预期使用者对鉴证对象信息信任程度的业务。

〔关于鉴证业务的指南，参见国际审计与鉴证准则理事会发布的国际鉴证业务框架，该框架描述了鉴证业务的要素和目标，并确定了国际审计准则、国际审阅准则和国际鉴证业务准则所适用的业务范围。〕

鉴证业务项目组

是指：

（一）会计师事务所为执行鉴证业务成立的项目组。

（二）会计师事务所中能够直接影响鉴证业务结果的其他人员，包括：

1. 对鉴证业务项目合伙人提出薪酬建议以及进行直接指导、管理或监督的人员；

2. 为执行鉴证业务提供技术或行业具体问题、交易或事项的咨询的人员；

3. 对鉴证业务实施项目质量控制的人员，包括项目质量控制复核人员。

审计客户

会计师事务所执行审计业务所针对的实体。如果是上市实体，则审计客户还包括其关联实体。如果不是上市实体，则审计客户包括其直接或间接控制的关联实体。

审计业务

属于合理保证的鉴证业务，其目标是执业的职业会计师就财务报表是否在所有重大方面按照适用的财务报告框架编制（或者在所有重大方面真实和公允反映）发表意见，如按照国际审计准则执行的业务。审计业务还包括法律法规或其他监管规则要求的法定审计。

审计项目组

是指：

（一）会计师事务所为执行审计业务成立的项目组。

（二）会计师事务所中能够直接影响审计业务结果的其他人员，包括：

1. 对审计项目合伙人提出薪酬建议以及进行直接指导、管理或监督的人员，包括项目合伙人之上，直至高级合伙人或管理合伙人（首席执行官或同等职位）之间的各级别人员；

2. 为执行审计业务提供技术或行业具体问题、交易或事项的咨询的人员；

3. 对审计业务实施项目质量控制的人员，包括项目质量控制复核人员。

（三）网络事务所中能够直接影响审计业务结果的所有人员。

近亲属

不属于直系亲属的父母、子女或兄弟姐妹。

或有收费

是指收费与否或收费多少取决于交易的结果或会计师事务所执行工作结果的收费。如果一项收费是由法院或其他公共机构规定的，则不被视为或有收费。

直接经济利益

是指下列经济利益：

（一）个人或实体直接拥有并控制的经济利益（包括授权他人管理的经济利益）。

（二）个人或实体通过集合投资工具、遗产、信托或其他投资工具而拥有的经济利益，并且有能力控制这些工具，或影响其投资决策。

董事或高级管理人员

治理层成员或处在类似职位的人员，而不管其称谓如何。其称谓可能因司法管辖区的不同而不同。

项目合伙人

是指会计师事务所中负责某项业务及其执行，并代表会计师事务所出具报告的合伙人或其他人员。如果需要，该人员需经过职业团体、法律法规或监管机构的适当授权。

项目质量控制复核

是指在出具审计报告时或之前，对项目组作出的重大判断和在准备审计报告时得出的结论进行客观评价的过程。

项目组

是指执行业务的所有合伙人和员工以及由会计师事务所或网络事务所聘用实施鉴证程序的人员。项目组不包括会计师事务所或网络事务所聘请的外部专家。

现任会计师

已接受审计委托或正在为客户提供会计、税务、咨询或类似专业服务的执业的职业会计师。

外部专家

拥有会计或审计领域以外的技能、知识和经验，并且以其专业技能协助项目组获取充分且适当证据的个人（不是会计师事务所或网络事务所的合伙人或专业人员（含临时员工））或机构。

经济利益

因持有某一实体的股权、其他有价证券、债券、贷款或其他债务工具而拥有的利益，包括为取得这种利益及与其直接相关的衍生品而享有的权利和承担的义务。

财务报表

是对历史财务信息的结构性表述（包括相关附注），旨在按照财务报告框架反映一个实体在某一时点的经济资源或义务及其在某一期间的变化情况。相关附注通常由重要会计政策概要及其他解释性信息组成。该术语可能指整套财务报表，但也可能指单一财务报表，如资产负债表，收入和费用表以及相关解释性附注。

会计师事务所将要发表意见的财务报表

在单一实体的情况下，是指该实体的财务报表。在编制合并财务报表，即集团财务报表的情况下，指合并财务报表。

会计师事务所

（一）由职业会计师设立的独资、合伙或公司形式的执业组织。
（二）通过所有权、管理权或其他手段对该组织施加控制的实体。
（三）该组织通过所有权、管理权或其他手段施加控制的实体。

历史财务信息

是指用财务术语表达的、与某一特定实体有关的信息，该信息主要由会计系统生成，反映过去某一时期发生的经济事项或过去某一时点的经济状况或环境。

直系亲属

配偶（或等同配偶者）或受抚养者。

独立性

独立性包括：

（一）实质上的独立性。实质上的独立性是一种内心状态，使得执业的职业会计师在提出结论时不受损害职业判断的因素影响，因而能够诚信行事，遵循客观和公正原则，保持职业怀疑态度。

（二）形式上的独立性。形式上的独立性是指避免出现重大的事实和情况，使得一个理性且掌握充分信息的第三方，在权衡所有相关事实和情况后，很可能认为会计师事务所、审计或鉴证业务项目组成员的诚信原则、客观和公正原则或职业怀疑态度已受到损害。

间接经济利益

是指个人或实体通过集合投资工具、遗产、信托或其他投资工具拥有的经济利益，但没有能力控制这些投资工具，或影响其投资决策。

关键审计合伙人

项目合伙人、实施项目质量控制复核的负责人以及审计项目组中负责对会计师事务所将要发表意见的财务报表实施的审计所涉及的重大事项作出关键决策或判断的其他审计合伙人。根据具体情况和个人在审计中的角色，其他审计合伙人还可能包括负责审计重要子公司或分支机构的项目合伙人。

上市实体

是指其股份、股票或债券在认可的股票交易所挂牌交易或按照认可的股票交易所或其他类似机构的规则流通的实体。

网络

符合下列条件的联合体：

（a）以合作为目的；

（b）明确旨在共享收益或分担成本，或共享所有权、控制权或管理权，共享统一的质量控制政策和程序，共享同一经营战略、使用同一品牌或共享重要的专业资源。

网络事务所

属于某一网络的会计师事务所或实体。

分部

按照地理位置或业务类型组织的可区分的分支机构。

职业会计师

国际会计师联合会成员组织的会员。

工商业界职业会计师：

受雇或在商业、工业、服务、公共部门、教育、非营利部门、监管机构或职业团体里工作的职业会计师（无论其是否处于管理职位），或者此类实体聘用的职业会计师。

执业的职业会计师

在会计师事务所中提供专业服务的职业会计师，无论其提供专业服务的类别（如审计、税务或咨询）。该术语也用于指代其所在的会计师事务所。

专业服务

职业会计师提供的需要会计或相关技能的服务，包括会计、审计、税务、管理咨询和财务管理等服务。

公众利益实体

包括：

（a）上市实体；

（b）符合下列条件的实体：

（i）法律法规界定的公众利益实体。

（ii）根据法律法规的规定，需要按照上市实体审计独立性要求接受审计的实体。这些法律法规可能是由任何相关监管机构，包括审计监管机构发布的。

关联实体

是指与客户存在下列任一关系的实体：

（一）能够对客户施加直接或间接控制的实体，并且客户对该实体重要。

（二）在客户内拥有直接经济利益的实体，并且该实体对客户具有重大影响，在客户内的利益对该实体重要。

（三）受到客户直接或间接控制的实体。

（四）客户（或受到客户直接或间接控制的实体）拥有其直接经济利益的实体，并且客户能够对该实体施加重大影响，在实体内的经济利益对客户（或受到客户直接或间接控制的实体）重要。

（五）与客户处于同一控制下的实体（即“姐妹实体”），并且该姐妹实体和客户对其控制方均重要。

审阅客户

会计师事务所执行审阅业务所针对的实体。

审阅业务

按照国际审阅业务准则或同类准则的要求实施的鉴证业务，即执业的职业会计师，在实施审阅程序（审阅程序不提供在执行审计时所要求的所有证据）的基础上，说明是否注意到某些事项，使其相信财务报表未在所有重大方面按照适用的财务报告框架编制。

审阅项目组

是指：

（一）会计师事务所为执行审阅业务成立的项目组。

（二）会计师事务所中能够直接影响审阅业务结果的其他人员，包括：

1. 对审阅项目合伙人提出薪酬建议以及进行直接指导、管理或监督的人员，包括项目合伙人以上的所有高级管理人员，直至高级合伙人或管理合伙人（首席执行官或同等职位）；

2. 为执行审阅业务提供技术或行业具体问题、交易或事项的咨询的人员；

3. 对审阅业务实施项目质量控制的人员，包括项目质量控制复核人员。

（三）网络事务所中能够直接影响审阅业务结果的所有人员。

特殊目的财务报表

按照某一财务报告框架编制的财务报表，旨在满足特定使用者对财务信息的需求。

治理层

是指对实体的战略方向以及管理层履行的经营管理责任负有监督责任的人员。治理层的责任包括对财务报告过程的监督。

生效日期

本守则自 2011 年 1 月 1 日生效，允许提前采用。

附录：

国际职业会计师道德守则专业术语翻译对照表

国际准则	大陆译法	香港地区译法	澳门地区译法	台湾地区译法
Acceptable level	可接受的水平	可接受水平	可接受水平	可接受之程度
Advertising	广告	广告	广告	廣告
Assurance client	鉴证客户	鉴证客户/审计客户	鉴证/核证客户	確信客戶(確信性客戶)
Assurance engagement	鉴证业务	鉴证业务	鉴证/核证业务	確信服務案件
Assurance team	鉴证业务项目组	鉴证组/审计团队	鉴证/核证业务项目组	確信服務小組
Audit client	审计客户	审计客户	核数客户	審計客戶
Audit engagement	审计业务	审计业务/审计约定	核数业务	審計案件(查核案件)
Audit team	审计项目组	审计团队	核数业务组	審計服務小組
Close family	近亲属	关系密切家庭	近亲属	近親
Contingent fee	或有收费	或有收费	或有收费	或有公費
Direct financial interest	直接经济利益	直接财务利益	直接经济利益	直接財務利益
Director or officer	董事或高级管理人员	董事或高级职员	董事或高级管理人员	董監事或經理人
Engagement partner	项目合伙人	项目合伙人	项目合伙人	主辦會計師
Engagement quality control review	项目质量控制复核	项目质量控制复核	项目质量控制复核	委任項目品質控制復核
Engagement team	项目组	项目团队/项目组	项目组	查核團隊

续表

国际准则	大陆译法	香港地区译法	澳门地区译法	台湾地区译法
Existing accountant	现任会计师	现任会计师	现任会计师(核数师)	現任會計師
External expert	外部专家	外部专家	外部专家	外部專家
Financial interest	经济利益	经济利益/财务利益	经济利益	財務利益
Financial statements	财务报表	财务报表	财务报表	財務報表
Financial statements on which the firm will express an opinion	会计师事务所将要发表意见的财务报表	事务所将要发表意见的财务报表	核数公司将要发表意见的财务报表	會計師事務所將表示查核意見之財務報表
Firm	会计师事务所	事务所	核数公司	會計師事務所
Historcial financial information	历史财务信息	历史财务信息	历史性财务信息	歷史性財務資訊
Immediate family	直系亲属	直系亲属	直系亲属	家屬
Independence	独立性	独立性	独立	獨立性
Indirect financial interest	间接经济利益	间接财务利益	间接经济利益	間接財務利益
Key audit partner	关键审计合伙人	主要审计合伙人	负责核数工作的合伙人	主要合夥會計師
Listed entity	上市实体	上市个体/上市主体	上市实体	上市個體
Network	网络	网络	网络	網絡/聯盟
Network firm	网络事务所	网络事务所	网络事务所	網絡/聯盟事務所
Office	分部	办事处	分部	辦公室
Professional accountant	职业会计师	专业会计师	核数师/会计师	職業會計師
Professional accountant in business	工商业界职业会计师	企业专业会计师	工商业界核数师/会计师	非(未)執業會計師
Professional accountant in public practice	执业的职业会计师	执业专业会计师	执业核数师/会计师	執業的職業會計師
Professional services	专业服务	专业服务	专业服务	專業服務

续表

国际准则	大陆译法	香港地区译法	澳门地区译法	台湾地区译法
Public interest entity	公众利益实体	公众利益个体/公众利益主体	公共利益实体	公共利益事業
Related entity	关联实体	关联个体/关联主体	关联实体	事務所關係企業
Review client	审阅客户	审阅客户	复核客户	核閱客戶
Review engagement	审阅业务	审阅业务/审阅约定	复核业务	核閱案件
Review team	审阅项目组	审阅团队/审阅组	复核业务项目组	核閱服務小組
Special purpose financial statements	特殊目的财务报表	专用财务报表/特殊目的财务报表	特殊目的财务报表	特殊目的財務報表
Those charged with governance	治理层	治理层	治理层	治理單位